faut-il brûler le modèle social français ?

Alain Lefebvre
Dominique Méda

faut-il brûler le modèle social français ?

Seuil

ISBN 2-02-085970-X

www.seuil.com

Introduction

> Notre premier devoir est de regarder la réalité en face. La vérité, c'est que nous sommes confrontés à une situation difficile… La vérité, c'est que le chômage atteint un niveau inacceptable : plus de 10 % de chômeurs, voilà le véritable mal français… Les plus jeunes, tous ceux qui devraient porter les espoirs de notre nation, sont les premiers touchés… La vérité, c'est que l'égalité des chances ne vit pas suffisamment dans notre pays…
>
> DOMINIQUE DE VILLEPIN,
> Premier ministre français,
> déclaration de politique générale, 8 juin 2005.

> Une croissance molle, un chômage dur, un pouvoir d'achat qui plonge, des déficits qui se creusent, un endettement record…
>
> FRANÇOIS HOLLANDE,
> premier secrétaire du Parti socialiste,
> *20 minutes*, 29 août 2005.

Deux présentations du malaise français, deux constats sans complaisance de la part de deux responsables dont les partis ont été au pouvoir de manière continue ces vingt-cinq dernières années. La durée de la crise qui nous touche, son étendue, ses conséquences sur notre société sont trop graves pour que la question de notre modèle français ne se pose pas : elle a donc été soulevée par de nombreux responsables, elle a été étudiée par de nombreux experts, elle a fait l'objet de présentations souvent éclairées par les idéologies de leurs auteurs, et elle a en général abouti à des conclusions partielles et à de timides remises en cause.

Est-ce le « modèle » qui est en crise ? Sont-ce ses fondements qui sont viciés ? Ou peut-on changer les politiques mises en œuvre sans toucher aux principes ? Cette question est complexe : elle renvoie notamment à ce que nous entendons par « modèle social francais ». S'agit-il de l'ensemble des principes qui ont été adoptés, de la fin du XIXe siècle à la fin des années 1940, en matière de protection sociale et de droit du travail ? Ou doit-on considérer comme faisant également partie de l'héritage l'ensemble des inflexions majeures et des politiques qui s'y sont ajoutées des années 1970 à aujourd'hui et qui ont passablement défiguré le modèle originel ? De quoi parlons-nous en définitive et savons-nous exactement à quoi nous tenons tant lorsque nous nous déclarons prêts à tout pour sauver notre modèle ?

Il est vrai que la notion de modèle est particulièrement ambiguë dans la langue française. Pour le grand public, un modèle est un exemple à suivre, un objet d'imitation que l'on choisit parce qu'il incarne la réussite, alors que, pour un spécialiste, il s'agit de l'ensemble des caractéristiques d'une société ou de la manière dont elle est organisée. C'est pourquoi, selon la façon dont on l'entend, le fait de parler de modèles étrangers peut d'emblée laisser penser qu'on les considère comme des « modèles à suivre », bien supérieurs à ce que nous connaissons chez nous, et être vécu comme une remise en cause de notre culture, de nos valeurs, et, il faut le dire, des avantages dont nous disposons. Dans cet ouvrage, nous entendrons par « modèle social » l'ensemble des principes, règles et arrangements institutionnels qui organisent les relations sociales.

Notre propos est double : tout d'abord, mettre en évidence le fait que les équilibres sur lesquels nous avons vécu jusqu'alors sont menacés notamment par la globalisation, le changement technologique et le vieillissement de nos sociétés. Nos systèmes sociaux sont désormais, comme les biens, mis en concurrence et soumis à des pressions financières extrêmement fortes qui nous obligent à les réformer. Cela ne doit pas se faire contre les Français, en détruisant progressivement le système de protection sociale et en aménageant sans contreparties le droit du travail. Il importe au contraire de permettre à tous les citoyens d'accompagner le changement et de le maîtriser. Ce qui implique deux grandes réformes : une refonte des objectifs et des fonctions de notre système de protection sociale, par le développement d'un nouvel État providence fondé sur le concept d'investissement social ; l'élaboration de nouveaux droits individuels et transférables, attachés aux personnes, négociés collectivement.

Ensuite, nous voulons, grâce au regard décalé que permet la comparaison internationale, montrer que nous ne savons peut-être pas exactement ce à quoi nous sommes fondamentalement attachés dans notre modèle social, mais que nous sommes probablement très proches de certains voisins européens, avec lesquels nous devrions sans doute plus délibérément faire équipe. Que nous apprend, par exemple, la comparaison avec nos voisins ? Que, contre toute attente, la caractéristique principale de notre système de protection sociale n'est peut-être pas la solidarité mais plutôt la reproduction des inégalités à l'œuvre sur le marché du travail ; que notre système s'est construit sur le caractère très secondaire de l'activité féminine ; que, loin d'inciter au développement d'un travail « soutenable » tout au long de la vie, il incite à concentrer l'emploi sur une seule génération, et sur les travailleurs les plus productifs. Elle nous apprend aussi que les pays nordiques sont parvenus, après une période d'années noires, à se réformer drastiquement – en répartissant équitablement la charge de l'ajustement sur l'ensemble des membres de la société –, à sauver leur système de protection sociale et leurs principes, et qu'ils présentent aujourd'hui en Europe une situation exemplaire d'alliance entre les impératifs de compétitivité et la solidarité au sens le plus fort du terme. N'est-ce pas ce à quoi nous prétendons ?

Notre conviction est que les pays nordiques constituent l'avant-garde de l'Europe dont rêvent bon nombre d'Européens : une Europe économiquement forte, très solidaire, finançant par de hauts prélèvements les services et les investissements sociaux dont ses citoyens ont besoin, organisant le marché du travail par des actions régulatrices qui corrigent la loi du marché, intervenant pour lutter contre les inégalités, la pauvreté, l'exclusion et les discriminations.

C'est à partir de cette matrice que nous pouvons sans doute construire un modèle alternatif à celui, exclusivement productiviste ou exclusivement libéral, qui nous est parfois présenté comme le seul désormais possible : une Europe éclairée et humaniste, équilibrée, respectueuse des droits des travailleurs. Les pays nordiques présentent certes des particularités qui empêchent que l'on transfère d'un coup leurs « recettes » et leur « modèle ». Il importe par ailleurs que chaque pays puisse faire « à sa façon » et en respectant son histoire, sa tradition, ses spécificités. Mais rien ne nous interdit de nous inspirer de leurs politiques, de leur manière de réformer et de faire, ni de converger, tous, vers un ensemble de principes et de valeurs partagés et vers des politiques de plus en plus proches les unes des autres, avant d'être communes. Rien ne nous interdit non plus de former avec eux, au sein de l'Europe affaiblie, une coalition de plus en plus large pour porter haut et fort cette conception de l'Europe, et pour élaborer un nouveau modèle social européen.

Construire un vrai modèle social européen, c'est l'ambition qui est à notre portée aujourd'hui et que nous voudrions, par cette analyse, servir.

Un modèle inefficace

L'idée que le modèle social français va mal est bien ancrée dans les esprits. Selon un sondage IFOP d'octobre 2005, 68 % des Français en jugent ainsi, pour 32 % qui estiment qu'il fonctionne bien. Ce sentiment est conforté, sinon entretenu, par le processus de comparaison systématique entre les performances des politiques mis en œuvre au sein des États européens depuis la fin des années 1990 par les institutions européennes ou par l'OCDE. Nous allons analyser ici la réalité de la crise et tenter de répondre à une question préalable : les responsables politiques n'ont-ils pas su définir des politiques pour faire fonctionner le modèle français, ou le modèle est-il vicié à la base ?

Une crise majeure

Quels sont les signes qui montrent que la France connaît actuellement une crise majeure ? L'indicateur le plus évoqué est sans conteste le taux de chômage, indicateur dont on connaît certes toutes les limites (qui rendent fragiles son exactitude comme sa comparabilité avec d'autres pays) mais qu'il est difficile de négliger : il est situé autour de 9 à 10 %

de la population active depuis 1993, et n'a vraiment diminué qu'entre 1997 et 2001. Avec toutes les précautions méthodologiques de rigueur, et même en tenant compte des biais qu'induisent les différentes modalités de comptage du chômage dans les autres pays européens (par exemple en intégrant dans le taux de chômage suédois ou danois les Suédois en congé de maladie ou les Danois en formation), les résultats français sont mauvais, et même parmi les plus mauvais des pays européens, au moins de l'Europe des quinze, puisque la France figure parmi les derniers, juste avant la Grèce et l'Espagne. Une analyse de ces chiffres réalisée par l'économiste Olivier Blanchard[1] met en évidence la très mauvaise situation – et même l'exception – française : contrairement à la France, l'Espagne a en effet connu une très forte baisse de son taux de chômage depuis le début des années 1990 et la Grèce améliore jour après jour ses résultats. Et, pour prendre un autre pays en difficulté, l'Allemagne est affectée par des différences entre anciens *Länder* de l'Ouest, où les taux de chômage sont bas, et de l'Est, en voie de redressement. La France est donc d'une certaine manière la seule à ne pas avoir d'excuse. Ajoutons à cela que la durée moyenne du chômage français est longue (elle était en 2004 de quatorze mois contre trois mois aux États-Unis, selon Olivier Blanchard) et que le chômage affecte les diverses catégories de la population de manière très différenciée, puisqu'il touche bien plus fortement les

1. O. Blanchard, « European Unemployment : the Evolution of Facts and Ideas », working paper 05-24, Massachusetts Institute of Technology, Department of Economics, Working Paper Series, October 10, 2005.

jeunes, les seniors et les personnes peu qualifiées que les autres.

Plus important encore, les taux d'emploi français, qui mesurent la participation réelle de la population à l'emploi, manifestent également une faiblesse, notamment en ce qui concerne les jeunes, les plus âgés (37 % pour les 55 à 64 ans) et les femmes (il subsiste encore une différence de 12 points entre les taux d'emploi masculin et féminin entre 25 et 54 ans).

À cette situation déjà préoccupante s'ajoutent d'autres éléments d'inquiétude, qui mettent en évidence le fait non seulement que les taux d'emploi sont insuffisamment élevés, mais aussi que la nature de l'emploi dans notre pays a changé[1].

– La proportion d'emplois temporaires a fortement augmenté ces vingt dernières années : de 5 % de l'ensemble des emplois du secteur privé au début des années 1980, elle est passée à 12 % au début des années 2000. En 2003, parmi l'ensemble des embauches dans les établissements d'au moins dix salariés, hors intérim et transferts d'établissement, 70 % ont été réalisées sous contrat à durée déterminée.

– L'emploi temporaire n'est pas en soi une catastrophe. Il le devient lorsque l'on y reste enfermé. Mais, précisément, en France, les transitions entre contrat à durée déterminée

1. Les analyses qui suivent sont extraites de D. Méda, B. Minault, « La sécurisation des trajectoires professionnelles », document d'études de la DARES, n° 107, novembre 2005, disponible sur www.travail.gouv.fr, rubrique « Études et statistiques, documents d'études ».

et contrat à durée indéterminée sont faibles : selon le panel européen des ménages, au bout d'un an, 34 % des personnes en contrat à durée déterminée (CDD) ont trouvé un emploi en contrat à durée indéterminée (CDI), 49 % au bout de deux ans et 54 % seulement au bout de trois ans [1]. La persistance dans l'emploi temporaire est ainsi très forte ; elle peut prendre la forme d'un enfermement dans la précarité, marquée par l'alternance de « petits boulots » et de périodes de chômage. Blanchard et Tirole commentent ainsi cette situation [2] : « Les travaux empiriques montrent que ces contrats temporaires modifient profondément la nature du marché du travail [...]. Une bonne partie de l'augmentation de ces rotations semble refléter une succession d'emplois à productivité faible, sans avenir et sans incitation pour l'employeur à accroître le capital humain du salarié. Les entreprises préfèrent souvent engager un nouveau CDD plutôt que de garder un CDD existant dont le contrat arrive à terme, même si le salarié donne totale satisfaction [...]. À ce jour, l'effet principal des CDD semble être l'émergence d'un marché du travail de plus en plus dual et donc inégalitaire. »

– Il y a en France moins de sécurité de l'emploi [3] qu'en moyenne en Europe, c'est-à-dire que la probabilité de se retrouver au chômage est plus forte en France que dans la

1. Voir B. Junod, document d'études de la DARES, à paraître.

2. « Protection de l'emploi et procédures de licenciement », rapport CAE, 2003, p. 20.

3. Conseil de l'emploi, des revenus et de la cohésion sociale, dans *La Sécurité de l'emploi face au défi des transformations économiques*, rapport n° 5, La Documentation française, 2005.

moyenne des pays européens. La sécurité de l'emploi est mesurée par le fait de demeurer employé sans interruption notable, même dans le cas d'un changement d'entreprise. Elle se compose donc à la fois de la stabilité de l'emploi et de la probabilité, pour une personne perdant son emploi, d'en retrouver un rapidement. L'insécurité de l'emploi est la plus forte pour les personnes en CDD puisque 18 % des salariés en CDD une année donnée sont au chômage l'année d'après, contre environ 4 % pour les CDI[1]. Les fins de CDD constituent par ailleurs la cause la plus importante des sorties de l'emploi dans les entreprises de plus de dix salariés (54 %[2]).

– Les transitions du chômage vers l'emploi sont faibles. La France se place au sein de l'Union européenne en 13e position sur 15, juste devant l'Italie et l'Irlande : 32 % des personnes au chômage en 2000 avaient retrouvé un emploi en 2001, contre 41 % dans l'Union (et 53 % en Autriche).

– La mobilité professionnelle est faible et il s'agit principalement d'une mobilité de précarité[3] (elle concerne surtout les jeunes ouvriers et employés non qualifiés et les mêmes personnes en seconde partie de carrière) : les études montrent en effet que le risque d'une transition durable emploi / chômage se concentre sur des catégories bien identifiées : les plus jeunes, les moins qualifiés. Pour autant, les catégories les

1. B. Junod, document d'études de la DARES, *op. cit.*

2. Marine Le Roux, « Les mouvements de main-d'œuvre en 2002 : un marché du travail moins dynamique », DARES, *Premières Synthèses*, n° 29.2, juillet 2004.

3. Richard Duhautois, in D. Méda, B. Minault, « La sécurisation des trajectoires professionnelles », *op. cit.*

plus fragiles ont du mal à accéder aux dispositifs en vigueur : ainsi, sur 308 000 personnes inscrites à l'Agence nationale pour l'emploi (ANPE) en 2004 à la suite d'un licenciement économique, seules 29 400 avaient bénéficié d'un des quatre dispositifs publics d'accompagnement existants[1].

– Les restructurations d'entreprises ne sont pas anticipées et sont mal accompagnées : chaque année, 800 000 à 900 000 personnes entrent en chômage après un licenciement (900 000 en 2004), dont 300 000 pour motif économique ; les personnes concernées par un Plan de sauvegarde de l'emploi (PSE) ne constituent qu'une faible partie des licenciés ; les dispositifs de reclassement ne touchent qu'environ la moitié des personnes concernées lors d'un PSE ; ils ne sont pas nécessairement mis en œuvre ; leurs résultats sont variables et la part des emplois précaires dans les retours à l'emploi est le plus souvent prépondérante.

– La formation continue n'est pas utilisée comme un outil permettant de prévenir la dégradation des compétences, d'améliorer l'employabilité et de changer d'emploi, alors même que les liens entre risque de chômage et faible qualification initiale sont désormais bien connus. L'effort de formation diminue depuis 1971, la formation va aux plus diplômés, elle a peu d'effet. Les personnes qui reçoivent le moins de formation sont les plus instables et, si l'on examine la situation des salariés stables durant les sept années précédant l'enquête, 50 % n'ont pas reçu de formation.

1. Myriam Bobbio, « Les dispositifs publics d'accompagnement des restructurations depuis 2003. », DARES, *Premières Synthèses*, n° 19.2, mai 2005.

– Lorsqu'ils adviennent, les risques sont insuffisamment pris en charge : il subsiste des « trous » dans la couverture sociale, ce qui entraîne des drames personnels et accroît le sentiment d'insécurité.

– L'accompagnement des demandeurs d'emploi n'est pas pleinement efficace : le dispositif français se caractérise par une partition mainte fois dénoncée entre la fonction de placement, exercée par l'ANPE, la fonction d'indemnisation, exercée par l'Unedic, et la fonction de formation, partiellement exercée par l'AFPA, organisme public chargé d'actions de formation professionnelle. Une organisation territoriale en quatre niveaux accroît le déficit de pilotage, limite l'efficacité globale du dispositif et donne aux demandeurs d'emploi le sentiment d'effectuer un vrai parcours du combattant pour faire valoir leurs droits.

– La question se trouve posée de la possibilité même d'organiser des parcours professionnels sur l'ensemble de la vie active des personnes alors que le système institutionnel est éclaté et cloisonné, les individus relevant d'une institution particulière selon leur statut : en passant du statut de salarié à celui de chômeur indemnisé puis d'allocataire du RMI, on doit ainsi changer de référent (l'entreprise, l'Unedic, la collectivité locale) sans qu'un pôle unique puisse assurer la cohérence et la maîtrise du parcours.

– Les politiques publiques ne sont pas cohérentes mais contradictoires entre elles : elles juxtaposent des dispositifs qui poussent à l'inactivité (préretraite, dispense de recherche d'emploi, complément de libre choix d'activité...) et des politiques visant à développer l'emploi (des seniors, des femmes, etc.) qui ne sont coordonnées ni entre les différents départements ministériels ni entre les différents niveaux territoriaux.

– La sécurisation des parcours ou des trajectoires professionnels est une revendication qui apparaît aujourd'hui dans l'ensemble des programmes des organisations syndicales sans que ces réflexions aient débouché, à ce jour, sur la mise en œuvre d'une véritable politique ; on constate plutôt la juxtaposition de nombreuses dispositions, éparses, dans le droit.

Hors du champ strict des politiques de l'emploi, la situation n'est pas moins inquiétante dans des domaines non négligeables :

– les véritables ratés du système d'enseignement général (50 000 à 60 000 jeunes interrompent leurs études après la troisième ou après avoir entamé un cursus en CAP, BEP ou seconde générale et technologique ; 150 000 à 160 000 jeunes sortent du système scolaire sans diplôme ou avec seulement le brevet) ;

– la part modeste des jeunes ayant un diplôme de l'enseignement supérieur, alors que posséder de hautes qualifications est devenu un enjeu majeur au sein d'une Europe obligée de se repositionner dans la nouvelle division internationale du travail ;

– la faiblesse relative du budget consacré à la recherche ;

– l'importance de la dette publique française, une des plus élevées d'Europe ;

– notre difficulté à intégrer la population immigrée ou issue de l'immigration, alors que des rapports officiels mettent en évidence depuis vingt ans que le taux de chômage des jeunes issus de l'immigration est deux fois plus élevé que celui des Français dits « de souche ». Il est vrai qu'il est difficile de connaître la situation réelle dans notre pays, car, pour éviter toute discrimination, nous nous refusons à distinguer dans les statistiques les personnes issues de l'immigration des Français dits « de souche », ce qui a pour conséquence de masquer la réalité...

– l'égalité entre hommes et femmes, qui reste assez théorique en France. Certes, notre pays est mieux placé que certains pays du Sud – si l'on excepte le Portugal pour les taux d'emploi ou l'Espagne pour la parité politique –, mais il reste très fortement éloigné de la situation des pays nordiques, qui parviennent à afficher des taux d'emploi masculin et féminin très proches sur toutes les tranches d'âge. Faute de service généralisé d'accueil des enfants de zéro à trois ans et de facilités pour concilier vie professionnelle et vie familiale, les Françaises, dont certaines sont exclues pendant plusieurs années du marché du travail, ont les plus grandes difficultés à y retourner de manière satisfaisante, ce qui constitue une perte pour notre économie, une injustice, un gaspillage social et une source de précarité et de pauvreté.

À cela s'ajoute ce qui apparaît, aux yeux des observateurs extérieurs, comme une incapacité à évoluer pour faire face à la mondialisation dans l'Europe actuelle. Nous paraissons refuser les réformes (même quand nous les réalisons), au nom de principes dont on peine parfois à trouver la justification et parmi lesquels figurent pêle-mêle les difficultés budgétaires (qui interdiraient que l'on investisse massivement dans l'éducation, la recherche, la formation continue, l'accompagnement individuel des chômeurs, des politiques actives d'emploi, un vaste service municipal d'aide à l'enfance) ; le spectre de l'étatisation (qui interdirait le rapprochement ou la rationalisation de l'ANPE et de l'Unedic ou l'amélioration de la filière de soins) et celui du tout marché (qui interdit, par exemple, le recours aux sociétés privées de placement, l'évaluation de l'efficacité des formations initiales et continues pour retrouver un emploi et, d'une manière générale, l'évaluation externe de toutes les institutions ayant une mission de service public).

Les observateurs remarquent en particulier l'incapacité des partenaires sociaux et du gouvernement à s'accorder sur des objectifs communs et sur les moyens à mettre en œuvre afin de les atteindre, la prédilection française pour le conflit et la crise comme mode de résolution des problèmes, la difficulté à trouver le lieu de l'intérêt général. C'est sans doute à ce niveau, celui de la gouvernance, que les insuffisances de la France sont les plus criantes : absence de mécanismes permettant aux partenaires sociaux et au gouvernement de s'accorder et de converger vers la détermination d'objectifs ; absence de cohérence des différentes politiques publiques et des différents niveaux d'intervention territoriale ; absence d'une culture d'expérimentation et d'évaluation, qui permettrait d'explorer les solutions et d'évaluer les résultats en dépassant les conflits idéologiques, comme cela se fait dans d'autres pays européens.

La crise et les blocages sont bien identifiés. Mais nous devons tenter de comprendre quels sont les éléments précis qui font obstacle au changement nécessaire : s'agit-il d'une crise des politiques, imputable à l'incapacité de nos gouvernements successifs, d'une maladie du cœur historique de notre modèle social, ou des conséquences de ce qui a été par la suite surajouté au système pendant les années de croissance ?

Nos dirigeants sont-ils de mauvais gestionnaires du système français ?

Ces mauvais indicateurs dont nous venons de dresser la longue liste, s'ils ne sont pas la « preuve » que nous sommes en crise et que celle-ci est plus grave que toutes celles que nous avons connues, en sont cependant un signe fort, notamment en raison de leur persistance et parce que les défis auxquels nous sommes aujourd'hui confrontés sont sans doute plus difficiles à relever qu'auparavant.

Notre système a toujours été plus ou moins en crise. Dans sa postface à son ouvrage intitulé *Les Trois Mondes de l'État providence*[1], un chercheur danois, Gøsta Esping-Andersen, écrit : « Avec un minimum de mémoire historique, nous découvrons qu'il [l'État providence] a toujours été en crise. Au cours des années 1950, soit immédiatement après sa création, on disait que l'État providence nuisait à la croissance économique et produisait de l'inflation [...]. Dix ans plus tard, dans les années 1960, il fut attaqué pour

1. G. Esping-Andersen, *Les Trois Mondes de l'État providence*, PUF, « Le lien social », 1999.

ne pas avoir généré suffisamment d'égalité [...]. À la fin des années 1970 et au début des années 1980, l'OCDE organisa même une conférence internationale sur "L'État providence en crise"... »

En France, à partir du milieu des années 1970, on peut dire que le système de régulation du marché du travail et de la protection sociale a été en crise de manière récurrente, chaque fois que la croissance manquait au rendez-vous. Et, chaque fois, ces crises ont été surmontées, rarement par des réformes structurelles permettant de régler définitivement le problème mais, selon les cas, par l'augmentation des prélèvements, des réformes dans les modes de financement, la limitation des protections accordées, ou encore par des libertés supplémentaires données aux chefs d'entreprise pour s'adapter aux contraintes économiques. Tout cela a été en général financé par des dévaluations compétitives qui fouettaient l'économie, mais nous appauvrissaient progressivement.

Dès lors, qu'est-ce qui nous prouve que la crise que nous traversons aujourd'hui est différente des crises précédentes, et qu'elle n'est pas susceptible d'être surmontée grâce aux mêmes recettes qu'auparavant ? L'assurance-maladie, le système de retraite, l'assurance-chômage connaissent de forts déficits ; mais pourquoi ne suffirait-il pas d'adopter les mesures traditionnelles, qui produiraient les effets habituels : un cocktail d'augmentation des cotisations sociales, de limitation des dépenses, d'incitations pour les chômeurs à rentrer dans des dispositifs spécifiques ? Après tout, comme l'ont montré de nombreux experts à l'occasion des débats sur la réforme des retraites, sur l'assurance-maladie ou sur l'assurance-chômage, les déficits sont faibles rapportés au montant global des sommes en jeu (si l'on oublie les déficits globaux des finances publiques) et une augmentation du taux de croissance ou du taux d'emploi les rend immédiatement insensibles ; par ailleurs, une société peut choisir de consacrer une part toujours plus grande de son PIB à développer un droit égal et étendu à la santé, à la retraite et à l'indemnisation de la perte d'emploi ; enfin, les méthodes classiques de gestion de la crise (limitation des dépenses...) alimentent cette dernière.

Ce serait oublier que le problème ne vient pas seulement du ralentissement de la croissance, mais aussi de la persistance des mauvais indicateurs pour notre pays, notamment en matière d'emploi. Un observateur attentif ne peut ignorer que les politiques menées depuis vingt ans par la droite et la gauche ont échoué. Des politiques différentes ont produit peu d'effets, alimentant le sentiment que « tout a été essayé ». On pense aux effets équivalents en termes de créations d'emploi et, en fin de compte, assez faibles de mesures comme les allégements de cotisations sociales ou comme la réduction du temps de travail (la contribution de chacune de ces mesures ayant été évaluée à environ 350 000 emplois). Cette inefficacité peut également être interprétée comme une incapacité des politiques à entamer de profondes réformes : à l'appui de cette dernière thèse viennent les innombrables rapports consacrés depuis plus de vingt ans aux mêmes sujets, qui donnent en effet une impression de déjà-vu et qui dessinent en creux le champ de ce à quoi on ne parvient pas à toucher en France. Citons pêle-mêle la fusion ANPE-Unedic, déjà proposée dans des rapports du début des années 1990 ; la réforme du financement de la Sécurité sociale visant à un élargissement de l'assiette et à une moindre sollicitation des revenus du travail ; la nécessité de mieux articuler formation initiale et formation continue et de développer des organisations du travail qualifiantes ; la dénonciation des dispositifs d'incitation à l'inactivité (notamment les préretraites) ; l'appel à un plan Marshall pour les banlieues...

Certes, de nombreuses réformes ont été engagées : aux interrogations sur le financement de la Sécurité sociale a répondu l'établissement de la CSG ; aux déficits structurels des dépenses d'assurance-maladie ou des retraites ont répondu des plans de rationalisation des dépenses de santé, de gros efforts sur la prévision des budgets hospitaliers, des mécanismes de régulation dont les projets de loi de financement de la Sécurité sociale, une réforme des retraites ; la mise en place du RMI a constitué une forme de réponse au scandale de la nouvelle pauvreté ; le Plan d'aide au retour à l'emploi (PARE) a semblé répondre aux problèmes de régulation de l'assurance-chômage. La création de la couverture maladie universelle a permis en théorie de garantir les soins pour tous.

Mais tout se passe comme s'il s'était agi plus du « rafistolage » d'un système usé que de réformes structurelles, et comme si nous ne parvenions pas à concrétiser nos volontés réformatrices. Ni les gouvernements de droite ni les gouvernements de gauche n'ont été au bout de leurs souhaits : à droite, on n'a ni privatisé la Sécurité sociale, ni réduit drastiquement le nombre de fonctionnaires, ni allégé la législation sur le licenciement pour motif économique, ni engagé de réformes structurelles sur le marché du travail, malgré les critiques récurrentes de l'OCDE et les invitations pressantes de la Commission européenne. À gauche, on n'a ni instauré un système d'indemnisation du chômage plus généreux qui évite les drames sociaux et la précarisation de familles entières, pas plus qu'un véritable droit individuel à la formation inversement proportionnel au nombre d'années d'études achevées, ni développé une politique massive d'investissement dans la recherche et l'éducation, ni consacré les moyens publics nécessaires au développement d'un vaste service public municipal de la petite enfance et d'un service public de l'emploi rénové.

Pourquoi ? Est-ce, comme l'écrivait Éric Le Boucher récemment dans *Le Monde*, parce que « les hommes politiques fuient la rigueur et les réformes, par électoralisme » ? Ou parce que les intérêts particuliers et catégoriels sont trop difficiles à remettre en cause et que nous n'avons plus désormais de bonne représentation du « bien commun » de la société ni de représentants capables de porter celui-ci ? Tout cela n'est-il pas dû au fait que nous avons hérité d'un modèle qui ne fonctionne plus et qui désormais constitue un handicap ?

C'est le modèle qui est en cause…

L'idée selon laquelle c'est bien notre modèle social qui serait en cause et non les politiques sociales engagées s'est développée assez tôt, dès les années 1980.

Rappelons que, pendant la période des Trente Glorieuses,

grâce à la forte croissance économique, le niveau de couverture sociale s'était considérablement développé (par le biais de la généralisation de la protection sociale à la quasi-totalité de la population et de l'amélioration des prestations). Cette extension s'était traduite par une forte progression des dépenses sociales, le total des prestations de protection sociale versées aux ménages passant de 14 % à près de 30 % du PIB entre 1960 et 1995. Cette croissance des dépenses sociales, bien qu'elle se soit accompagnée de difficultés financières et par conséquent d'une augmentation des taux de cotisations, n'avait pas soulevé d'objections majeures, car « elle s'inscrivait dans un mode global de régulation d'une économie fondée sur le plein-emploi [1] ».

C'est également pendant cette période que se sont diffusés les acquis sociaux selon le principe de l'ordre public social, en vertu duquel la source inférieure doit impérativement se révéler plus favorable au salarié que la norme supérieure (un accord d'entreprise ne peut qu'améliorer un accord de branche, qui ne peut lui-même qu'être plus favorable au salarié qu'un accord interprofessionnel ou que la loi). L'ordre public social est un principe fondamental du droit du travail français qui traduit la spécificité du mode de régulation français des relations du travail : il accorde une place première à la loi et non à la convention.

Rappelons enfin qu'en 1974 la régulation keynésienne qui s'était opérée jusqu'alors – les prestations de protection sociale alimentant la demande, jouant un rôle de stabilisa-

1. M.-T. Join-Lambert, A. Bolot-Gittler, C. Daniel, D. Lenoir, D. Méda, *Politiques sociales*, FNSP / Dalloz, 1994, 2e édition 1997, p. 423.

teur automatique et permettant d'atténuer les à-coups de la conjoncture – s'est trouvée remise en cause du fait de l'ouverture économique croissante de la France. La croissance ralentit, les prestations continuent à croître au rythme antérieur. Mais la rupture de croissance ne se traduit pas immédiatement par une remise en cause de l'extension de la protection sociale ou du principe de faveur. C'est seulement au début des années 1980, un certain nombre de facteurs exogènes aidant (croissance des dépenses d'assurance-maladie, fin de la montée en charge des régimes de retraite par répartition, augmentation du chômage, début des effets du vieillissement), que les critiques du modèle commencent à se faire entendre. Deux arguments principaux sont développés à partir du début des années 1980 : le poids de la protection sociale et les risques de l'État providence.

On pourrait résumer ainsi le premier argument : trop de protection sociale tue l'emploi. « Au consensus qu'avait réalisé la théorie keynésienne entre la croissance économique et la progression de la protection sociale s'est substituée une contradiction entre les exigences d'une économie plus compétitive dont l'offre de production puisse répondre rapidement et efficacement à toute reprise de la conjoncture et les contraintes représentées par la protection sociale[1]. » Celle-ci apparaît désormais principalement comme un coût, qui pèse essentiellement sur l'emploi du fait même de son mode de financement, tout au moins dans certains pays, dont la France. C'est à cette époque que sont notamment mis en évidence les inconvénients d'un système de protection dont les ressources sont

1. *Loc. cit.*

assises sur l'emploi (les cotisations sociales) et qui, en période difficile où les dépenses augmentent, alourdissent aussi mécaniquement les coûts pesant sur l'emploi, renchérissant celui-ci et dissuadant les entreprises d'embaucher. La protection sociale est considérée désormais, d'une part, comme un handicap de compétitivité pour les entreprises françaises dans un contexte de concurrence internationale accrue et, d'autre part, comme un prélèvement anti-emploi. C'est donc à une double remise en cause du niveau du prélèvement social et de son mode de financement que l'on va assister tout au long des années 1980 et 1990. La critique du mode de financement recouvre d'ailleurs une critique de droite et une critique de gauche : la première met en cause le renchérissement du coût du travail, lequel ira croissant jusqu'au rapport du Plan de 1994 et aux mesures d'allégement du coût du travail, qui ne bénéficient qu'aux emplois non qualifiés à bas salaires ; la seconde met en cause le caractère non progressif du prélèvement social (par rapport au prélèvement fiscal par l'impôt sur le revenu).

L'autre argument est plus idéologique. Le cœur de sa critique est l'État providence lui-même, qui habitue les individus à l'assistance et les exonère donc de leurs responsabilités individuelles : « La dévalorisation des revenus du travail ne peut pas ne pas modifier les attitudes des acteurs face au travail. L'État redistributif vise à transférer des richesses des riches aux pauvres, mais, au-delà d'un certain seuil, la redistribution altère la formation de la richesse et pénalise également les pauvres », écrit Philippe Bénéton dans *Le Fléau du bien* en 1983, inaugurant ainsi vingt années de remise en cause du projet même de mise en place d'un État providence, au moment où commence le second mandat de Margaret Thatcher.

Ces critiques renouent avec les analyses bien connues de Hayek: « Aider ceux qui ne peuvent subvenir eux-mêmes à leurs besoins est pour chaque individu un devoir moral; il n'est donc pas nécessaire que l'État s'en charge, d'autant que l'intervention de l'État peut aboutir à ce que les individus aisés se sentent exonérés de tout devoir vis-à-vis des plus démunis. » Analyses qui font écho, de manière tout à fait extraordinaire, à une intervention de Thiers devant la Commission de l'assistance et de la prévoyance publiques, en 1850, au moment où est débattue l'opportunité de mettre en œuvre une assistance publique obligatoire: « Il importe que cette vertu (la bienfaisance), quand elle devient, de particulière, collective, de vertu privée, vertu publique, conserve son caractère de vertu, c'est-à-dire reste volontaire, spontanée, libre enfin de faire ou de ne pas faire, car, autrement, elle cesserait d'être une vertu pour devenir une contrainte, et une contrainte désastreuse; si, en effet, une classe entière, au lieu de recevoir, pouvait exiger, elle prendrait le rôle du mendiant qui demande le fusil à la main[1]. » Comme l'explicite Esping-Andersen, « le libéralisme ne désapprouve jamais la charité ou l'assurance en elle-même. Il importe que la charité, ou l'assurance, soit fondée sur un effort volontaire, et qu'en outre les arrangements concernant l'assurance soient sans conteste contractuels ou actuariels[2] ».

Les États providence non libéraux, dont la France fait partie, auraient donc deux défauts congénitaux majeurs:

1. Rapport de la Commission de l'assistance et de la prévoyance publiques, cité dans M.-T. Join-Lambert, A. Bolot-Gittler, C. Daniel, D. Lenoir, D. Méda, *Politiques sociales*, *op. cit.*

2. *Les Trois Mondes de l'État providence*, *op. cit.*

d'abord, ils affaibliraient considérablement les individus ainsi que la capacité du marché à trouver les meilleurs équilibres et à rendre les individus le plus productifs possible ; ensuite, en raison même de leur fondement professionnel, ils auraient tendance à scier la branche sur laquelle ils sont assis, c'est-à-dire à détruire l'emploi dont ils ont pourtant besoin pour se développer.

Mettant au centre du concept d'État providence la volonté, plus ou moins étendue, de « démarchandisation » du travail, qui consiste à permettre dans certains cas aux individus de conserver leurs moyens d'existence sans participation au marché du travail, Esping-Andersen distingue en effet trois types de régimes d'État providence :

– Dans l'État providence libéral, l'assistance est fondée sur l'évaluation des besoins, les transferts universels et les plans d'assurance sont modestes. Les indemnités sont attribuées principalement aux bas revenus. L'État encourage le marché passivement et minimise les effets de la démarchandisation. Les libéraux estiment en effet qu'un minimum social garanti cause pauvreté et chômage et ne les supprime pas. La protection sociale, quant à elle, cause corruption morale, imprévoyance, oisiveté et ivrognerie. Le marché est émancipateur et constitue la meilleure façon d'atteindre indépendance et assiduité au travail.

– Dans l'État providence corporatiste conservateur, les prestations sont accordées sur la base de la vie professionnelle ; les droits sont conditionnés par l'attachement au travail et la contribution financière.

– Dans le régime social-démocrate, en vigueur dans les

pays où les principes d'universalisme et de démarchandisation des droits sociaux ont été également étendus aux classes moyennes, l'État providence encourage une égalité des plus hauts standards : toutes les classes sont incorporées dans un système universel d'assurance sociale. « Il vise à fournir une garantie de plein-emploi et est entièrement dépendant de la réalisation de cet objectif [...]. Aucun des deux autres régimes d'État providence n'adopte le plein-emploi en tant que partie intégrante de ses responsabilités. »

Ainsi le régime corporatiste conservateur, auquel la France appartient, aurait-il plusieurs faiblesses structurelles. Il ne vise pas au plein-emploi, notamment parce qu'il est fortement lié – historiquement – à la préservation des valeurs familiales. La famille est l'une des institutions qui doit être protégée des dégâts de la marchandisation, et l'assurance sociale exclut, dès lors, les épouses qui ne travaillent pas : l'État n'intervient que lorsque la famille a épuisé toutes ses ressources en matière d'aide à ses membres. De plus, techniquement, les ressources de l'assurance sociale prenant la forme de cotisations assises sur les salaires, la protection sociale apparaît comme un coût pesant sur l'emploi, voire un handicap pour l'emploi, comme nous l'avons vu précédemment. Enfin, d'autres éléments, développés ces dernières années, tendent à achever l'entreprise de remise en cause de l'État providence dans sa version conservatrice : c'est notamment le cas du discours visant à mettre en évidence le handicap de compétitivité que constitue plus généralement la protection de l'emploi, c'est-à-dire l'ensemble des réglementations visant à protéger le travailleur. On pense à la législation sur le contrat de travail (qui organise notamment la rupture de celui-ci), sa durée, les formes atypiques d'emploi ; à la législation sur le licenciement, pour motif personnel et pour motif économique.

Un rapport de Blanchard et Tirole avait synthétisé ces idées en 2003 : « En résumé, la protection de l'emploi réduit les flux et donc la réallocation entre emplois nécessaire à l'efficacité. De plus, en augmentant la durée du chômage, non seulement elle ne le fait pas baisser mais elle le rend plus insupportable pour ceux qui y sont exposés [...]. Dans la mesure où elle rigidifie le marché du travail, la protection de l'emploi rend l'augmentation du chômage plus persistante [1]. » Les travaux de l'OCDE puis de la Banque mondiale ont à leur tour repris cette antienne.

D'après ces analyses, qui sont issues de courants de pensée extrêmement différents, ce serait donc le cœur de notre modèle qui serait en cause, et notamment son appartenance à la famille des régimes conservateurs corporatistes. Mais qu'est-ce qui est exactement remis en cause ? Le cœur historique de notre modèle ou son inadaptation aux changements durant les deux dernières décennies ?

Un modèle condamné ?

Notre modèle comportait très certainement des défauts congénitaux (le financement assis sur le seul emploi, la pro-

1. Olivier Blanchard, Jean Tirole, « Protection de l'emploi et procédures de licenciement », *op. cit.*, p. 14, p. 40.

tection réservée aux seuls travailleurs, l'incapacité des différentes catégories sociales à se rassembler dans un unique régime de sécurité sociale, les ambivalences entre ce qui revenait à l'assurance et ce qui relevait de la solidarité...) qui, tant que la croissance a été au rendez-vous, sont restés supportables. Mais l'ouverture forte des économies au milieu des années 1980 et le ralentissement de la croissance ont brutalement transformé ces défauts en handicaps majeurs. En effet, outre la persistance de notre taux élevé de chômage, les doutes sur la capacité de notre modèle à répondre aux défis auxquels nos sociétés sont aujourd'hui confrontées constitue la seconde grande raison de penser que notre modèle social est bien en crise.

Un récent rapport consacré à la réforme du modèle social européen [1] revient sur les grands changements qui ont affecté l'économie mondiale ces vingt-cinq dernières années et qui constituent autant de défis que nos sociétés continueront à devoir affronter : la mondialisation, le changement technique et technologique et le vieillissement des populations. L'arrivée sur le marché mondial de la Chine, de l'Inde et d'une certaine manière du bloc soviétique a marqué l'avènement d'un monde global, caractérisé par une compétition acharnée. Les systèmes sociaux sont désormais directement en concurrence. Cela ne signifie pas que le coût du travail est l'unique variable d'ajustement, mais que, si le coût du travail est élevé, alors d'autres avantages comparatifs, par exemple l'excellence des qualifications ou des poli-

1. André Sapir, « Globalisation and the Reform of European Social Models », *Bruegel Policy Brief*, issue 2005, November 2005.

tiques de développement de l'innovation, doivent pouvoir jouer. Le diagnostic posé par le rapport est sans appel : l'Europe doit de toute urgence engager des réformes économiques et sociales et revoir ses politiques, qui datent des années 1960 et 1970, alors que l'environnement économique était relativement stable et prévisible. Ces politiques, écrit l'auteur, ont commencé à dysfonctionner à la fin du XXe siècle : au lieu de s'adapter et d'apporter des réponses flexibles aux changements rapides, les États providence modernes qui ont accompagné le progrès économique et social pendant les Trente Glorieuses privilégient aujourd'hui le *statu quo*.

Le rapport va plus loin. Prolongeant et affinant la typologie d'Esping-Andersen, il distingue, au sein de l'actuelle Europe, quatre types de modèles sociaux : les pays nordiques, qui offrent de hauts niveaux de dépenses sociales et une protection universelle ; les pays anglo-saxons, qui accordent une assistance sociale en dernier ressort ; les pays continentaux, distribuant de l'assurance sociale, des prestations de chômage et des pensions de retraite ; les pays méditerranéens, qui concentrent leurs dépenses sociales sur les pensions de retraite et admettent une forte segmentation des statuts. Les performances des quatre groupes sont comparées et la sentence est sans appel : les modèles des pays méditerranéens et continentaux sont condamnés. En effet, du point de vue de la réduction des inégalités de revenus et de la pauvreté, la redistribution est la moins élevée dans les pays méditerranéens ; du point de vue de la participation au marché du travail, les taux d'emploi sont les plus faibles également dans ces deux groupes de pays. Si l'on classe donc les quatre groupes de pays selon le double critère de l'efficacité et de l'équité, les pays méditerranéens apparaissent à la fois inefficaces et inéquitables et les pays continentaux « simplement » inefficaces. Or, continue l'auteur, les modèles qui ne sont pas efficaces sont non soutenables, notamment face aux défis que vont représenter les pressions grandissantes sur les finances publiques issues de la globalisation, du changement technologique et du vieillissement de la population. Le modèle continental, auquel la France appartient, doit donc d'urgence se réformer.

Les intéressantes analyses de Sapir n'expliquent néanmoins pas en détail pourquoi les modèles continentaux sont moins performants que les autres et sont même inefficients. C'est, sur plusieurs points, Esping Andersen qui l'explique le mieux et qui nous permet peut-être une synthèse : les régimes continentaux préservent les différences de statut entre leurs membres et les reconduisent. On peut donc penser que, à mesure que les dépenses deviendront plus lourdes et que l'on hésitera à charger le système, il y aura des divergences d'intérêt, les classes aux plus hauts revenus s'achetant leurs propres systèmes complémentaires de protection et n'ayant plus envie de cotiser sans retour, laissant dès lors les systèmes collectifs se dégrader. Le même raisonnement peut s'appliquer avec l'ensemble des fonctions sociales, les personnes disposant des plus hauts revenus ayant intérêt à mettre leurs enfants dans des écoles privées, à prendre leurs propres services de garde à domicile… À l'inverse, les régimes universalistes qui couvrent l'ensemble des ressortissants de la même manière et distribuent, en contrepartie de hauts prélèvements, de bons services à tous[1] restent légitimes : « En développant les services sociaux et l'emploi public, l'État providence contribue directement à produire une classe moyenne dévouée à la social-démocratie[2]. »

Les régimes continentaux financent leur système de protection sociale sur les revenus du travail et sont donc particulièrement fragilisés lorsque les dépenses s'alourdissent fortement du fait même des problèmes d'emploi : l'effet de ciseau est alors renforcé. Les systèmes dont le financement s'opère principalement par l'impôt n'ont pas cet inconvénient.

Les systèmes continentaux reflètent, si l'on suit les thèses d'Esping-Andersen, le souhait des gouvernements conservateurs de la fin du XIXe siècle et du début du XXe, celui de développer un État providence qui ne remette pas en cause les fonctions et la place de la famille : ils n'incitent pas fortement au développement du travail des femmes et, plus généralement, ils ne sont pas consubstantiellement obligés de garder de très hauts taux d'emploi pour se maintenir. Au contraire, d'autres régimes, et principalement celui des pays sociaux-démocrates, ont besoin, pour continuer à se développer, de faire travailler toute la main-d'œuvre possible,

1. « Les sociaux-démocrates cherchent à instaurer un État providence qui encourage une égalité des plus hauts standards et non une égalité des besoins minimaux. Cela implique d'abord que les services et les indemnités soient élevés à des niveaux proportionnés même avec les exigences des nouvelles classes moyennes ; et ensuite que les travailleurs soient assurés de jouir des mêmes droits que ceux dont bénéficient les gens aisés » (G. Esping-Andersen, *Les Trois Mondes de l'État providence*, *op. cit.*, p. 42).

2. *Ibid.*, p. 47.

y compris sous la forme de services publics municipaux. Ils ont donc logiquement des taux d'emploi plus élevés que les autres.

Plus profondément – et c'est la thèse principale d'Esping-Andersen –, les sociétés qui ont mis en place des États providence pour des raisons qui n'avaient rien à voir avec le souhait de démarchandiser la force de travail – soit, comme les pays libéraux, en laissant se développer un État providence minimal, pour améliorer le fonctionnement du marché, soit, comme les pays conservateurs, pour régler la question sociale sans remettre en cause les « stratifications » traditionnelles – ne sont pas armées pour répondre au défi que constituent le maintien et le développement d'un État providence sans création d'emplois (configuration dans laquelle nous nous trouvons depuis les années 1980). Seul le régime social-démocrate, dont la vocation était précisément de démarchandiser la force de travail, possède dans sa philosophie originelle de quoi l'alimenter : si les sociaux-démocrates ont bien cherché à instaurer un État providence encourageant les plus hauts standards et donnant à chacun les mêmes droits, services et prestations (à des niveaux suffisants, donc, pour que les classes moyennes et favorisées soient incitées à rester couvertes par lui au lieu de s'assurer des services individuels), cela signifie qu'il faut absolument continuer à développer sans relâche cet État providence, donc disposer en permanence d'une force de travail très nombreuse pour le financer ; ce qui implique des entreprises fortement compétitives, des politiques actives d'emploi permettant aux personnes de revenir très vite au travail, des services publics employant de la main-d'œuvre… L'État providence des pays nordiques a comme condition absolument nécessaire le plein-emploi, contrairement aux autres types de régime : « Les énormes coûts de maintien d'un système de bien-être, solidaire, universel et "démarchandisant" signifient qu'il est dans l'obligation de minimiser les problèmes sociaux et d'augmenter les revenus de l'État. Il est évidemment plus facile d'y parvenir avec un maximum de gens qui travaillent et le moins de gens possible dépendant de l'aide sociale[1]. »

Si l'on suit ces analyses – et la situation française ne laisse guère de choix en la matière, comme on l'a vu –, il reste à déterminer d'où nous pourrions tirer des solutions pour faire face à la crise en réformant notre modèle pour qu'il recouvre l'efficacité et l'équité que nous souhaitons.

1. *Ibid.*, p. 43.

Benchmarking et méthode ouverte de coordination : de l'utilisation rationnelle des comparaisons

La notion de « benchmarking » (littéralement « marquage des frontières et des territoires »), ou positionnement relatif, vient de l'art militaire : il s'agissait de connaître le plus précisément possible la composition et l'armement des troupes de l'adversaire pour mieux le contrer. Depuis les années 1950, c'est une technique marketing pratiquée par les entreprises, qui consiste à trouver dans le monde celui ou ceux qui réalisent de la manière la plus performante un processus ou une tâche, à les étudier (les « benchmarker », dans le jargon consacré), puis à adapter ce processus à sa propre entreprise. Il s'agit donc de se comparer aux « champions » dans un domaine précis, de s'inspirer de leurs idées et de leur expérience afin de se rapprocher de l'excellence. D'une certaine manière, le benchmarking se fixe pour objectif de copier sur son voisin mais seulement si celui-ci est un bon élève[1].

1. Laurent Maruani, professeur de marketing à HEC-Paris et directeur de l'Institut des stratégies.

Un processus européen pédagogique

De technique utilisée par les entreprises, le benchmarking est devenu depuis une dizaine d'années l'une des méthodes de prédilection de la Commission européenne pour tenter de faire converger les politiques sociales des États européens, restées de compétence nationale. Rappelons en effet que le Conseil de Lisbonne (2000) a opté pour la méthode ouverte de coordination (MOC) : celle-ci représente « un nouveau mode régulatoire européen qui met l'accent sur le caractère non obligatoire des règles, leur flexibilité, leur ouverture à des acteurs multiples, règles émanant de processus décisionnels itératifs entre le niveau national / régional et le niveau européen et dont la mise en œuvre emprunte aux outils de gestion modernes du management public[1] ». Utilisée dans de nombreux domaines (emploi, inclusion sociale, retraite, éducation et formation, innovation, recherche et développement), la MOC s'est implantée à la suite du constat d'une résistance des États membres à transférer de nouvelles compétences au niveau européen. Elle consiste à :

– « définir des lignes directrices pour l'Union, assorties de calendriers spécifiques pour réaliser les objectifs à court, moyen et long terme fixés par les États membres ;
– établir, le cas échéant, des indicateurs qualitatifs et

1. J. Goetschy, « L'apport de la méthode ouverte de coordination à l'intégration européenne », in P. Magnette, *La Grande Europe*, Éditions de l'Université libre de Bruxelles, 2004.

quantitatifs et des critères d'évaluation par rapport aux meilleures performances mondiales [...] de manière à pouvoir comparer les meilleures pratiques [...] ;

– procéder périodiquement à un suivi, une évaluation et un examen par les pairs [1]. »

La Stratégie européenne de l'emploi est un fort bon exemple de MOC, très poussée et très instrumentée : sur la base des lignes directrices communes, des programmes nationaux d'action pour l'emploi sont établis par chaque gouvernement. La Commission examine chaque année le Programme d'action national et présente un rapport conjoint sur l'emploi au Conseil européen. Pour évaluer les progrès des États membres dans la mise en œuvre des lignes directrices, et plus généralement leurs performances, on utilise des indicateurs. Ceux-ci sont soit des indicateurs clés, soit des indicateurs de contexte. Les premiers mesurent les progrès réalisés par les États membres par rapport aux objectifs définis dans les lignes directrices. Les seconds servent à l'analyse des programmes nationaux d'action pour l'emploi en mettant en perspective les politiques et les performances nationales. Il existe au total 40 indicateurs clés et 26 indicateurs de contexte. Parmi les indicateurs de contexte, on retiendra notamment le taux d'emploi, indicateur phare permettant de comparer le degré de réussite des États membres.

Que nous disent exactement ces tableaux d'indicateurs, censés refléter des niveaux de performance ? Comment peuvent-ils nous aider et surtout, à partir du moment où ils semblent

1. Conclusions du Conseil européen de Lisbonne, mars 2000.

mettre en évidence le fait que certains pays sont « meilleurs » que d'autres, quelle démarche concrète devons-nous engager ? L'idée sous-jacente à la démarche de la Stratégie européenne de l'emploi était que, des objectifs communs étant fixés, notamment en termes de taux d'emploi pour certaines catégories de la population en âge de travailler, et certains sous-objectifs étant déterminés (par exemple, offrir le plus rapidement possible à toute personne au chômage un entretien avec les services de l'emploi...), un rapprochement s'opérerait, sans aller d'ailleurs jusqu'au développement de politiques ou d'infrastructures identiques, mais en mettant en œuvre de bonnes pratiques peu éloignées les unes des autres. Ces postulats et surtout leur bien-fondé ont fait l'objet de discussions infinies.

Les résistances françaises aux comparaisons

Plusieurs critiques ont en effet été apportées très tôt à l'ensemble de ce processus. Le choix des indicateurs a été discuté. L'indicateur phare de la SEE a notamment fait l'objet – particulièrement en France – de remises en cause : plutôt que le taux d'emploi, il aurait fallu choisir le taux de chômage, a-t-on entendu. Le choix de la Commission de privilégier cet indicateur ne serait d'ailleurs pas anodin : il serait plus difficile, pour un gouvernement ou pour l'ensemble de l'Europe, de s'engager sur un taux de chômage (de 5 % par exemple) que sur le taux d'emploi. D'autres critiques, beaucoup plus fortes, sont au cœur de notre sujet : ces indicateurs, outre les problèmes techniques de comparabilité des données qu'ils soulèvent, ne suffiraient absolument pas à rendre compte des difficultés spécifiques ou des contextes propres aux différents pays. En comparant simplement des taux d'emploi, on court en effet le risque d'oublier l'ensemble des institutions, dispositifs légaux, arrangements, traditions qui expliquent le niveau du taux d'emploi dans un pays. On peut ainsi tout simplement oublier de prendre en compte le rôle de la famille, très différent dans chacun des États membres, certains choix de société (par exemple, préférer l'existence d'un SMIC au développement d'une importante population de travailleurs pauvres) ou encore la prédominance de formes de régulation non législatives (accords, arrangements, contrôle social…). S'ils servent à remettre en cause l'intérêt des indicateurs mobilisés dans la SEE à des fins de comparaison, ces arguments rendent également fragile l'idée même qu'il y aurait un intérêt à comparer. On ne comparerait jamais assez loin ou assez fin, puisqu'on oublierait toujours l'un des éléments particuliers permettant d'expliquer une situation donnée.

C'est ce même type d'argument qui est mobilisé en France, et sans doute dans d'autres pays, pour opposer aux tentatives visant à s'inspirer de ceux qui ont fait mieux que nous une fin de non-recevoir. S'agit-il d'une arrogance typiquement française ? Ou d'arguments véritablement bien étayés ? Tout se passe en tout cas comme si, depuis que nous découvrons que d'autres réussissent mieux en Europe, nous faisions tout pour ne pas nous rendre à l'évidence : si des indicateurs « prouvent » que les performances des autres sont meilleures, c'est certainement – entend-on le plus souvent dans notre pays qui continue à se croire porteur d'une mission universelle – 1) que les indicateurs ne sont pas les bons (ils ont été imposés par d'autres), 2) qu'ils ne tiennent pas compte des spécificités nationales, des particularités, et donc 3) que nous ne devons surtout pas vouloir imiter, transposer, copier. Pourquoi donc ? Fondamentalement parce que chaque pays a sa propre histoire, ses propres traditions, ses institutions, et qu'il est impossible de les ignorer et d'une certaine manière de s'en départir.

Que répondre à ces arguments ? Il est certain que nous devons absolument tenir compte des leçons des spécialistes en sciences sociales : il importe de resituer les objets et les politiques analysés dans leur contexte, de s'assurer que les mots et les nomenclatures recouvrent bien les mêmes réalités (c'est la mise en évidence d'un tel décalage à propos des catégories socioprofessionnelles en France et en Allemagne qui avait déclenché la réflexion désormais bien connue de Maurice, Sellier et Sylvestre sur l'analyse sociétale [1]), de s'entourer de toutes les précautions méthodologiques garantissant la comparabilité des agrégats décrits par des indicateurs. C'est l'objet du groupe de travail sur les indicateurs du Comité de l'emploi, qui assiste le Comité pour le choix et la mise au point des indicateurs nécessaires au suivi des lignes directrices pour l'emploi [2]. Il faut donc éviter les pièges des approches fonctionnalistes où « le pays et la nation ne sont

1. M. Maurice, F. Sellier, J.-J. Sylvestre, *Politique d'éducation et organisation industrielle en France et en Allemagne. Essai d'analyse sociétale*, PUF, 1982.

2. Martine Durand, « Trois perspectives de l'OCDE sur les indicateurs pour la gouvernance de l'emploi », « Expertise et gouvernance en Europe », colloque du Centre d'études de l'emploi, 13-14 décembre 2004.

que des contextes locaux dans lesquels s'insèrent les phénomènes étudiés [...] la comparabilité reposant sur un postulat implicite, celui d'une continuité entre les phénomènes que l'on compare, terme à terme, dans chaque pays[1] » ; et ceux des approches culturalistes où « les phénomènes étudiés sont alors supposés être fortement influencés par la culture nationale au point de provoquer des discontinuités fortes, lorsqu'ils sont comparés d'un pays à l'autre, du fait de leurs spécificité ou identité culturelles ». Ces deux types d'approches ont chacune leur défaut : « Appliquer un modèle préétabli dans le premier cas ; postuler l'existence de spécificités nationales de caractère institutionnel, culturel ou historique dans le second cas[2]. »

Nous devons donc mobiliser l'analyse sociétale, sans renoncer d'ailleurs à prendre en compte les questions de « représentations, de sens, de valeurs, de traditions ancrées dans l'histoire[3] » et nous souvenir toujours que comparaison n'est pas raison[4], notamment lorsque les comparaisons sont motivées par des enjeux politiques : « L'identification de *best practices* est un objectif plus ou moins explicite dans

1. M. Maurice, « Méthode comparative et analyse sociétale. Les implications théoriques des comparaisons internationales », *Sociologie du travail*, vol. 2, 1989, p. 175-191.

2. M. Maurice, F. Sellier, J.-J. Sylvestre, *Politique d'éducation et organisation industrielle en France et en Allemagne, op. cit.*

3. Ph. d'Iribarne, *La Logique de l'honneur. Gestion des entreprises et traditions nationales*, Seuil, 1989.

4. F. Schultheis, « Comme par raison – comparaison n'est pas toujours raison. Pour une critique sociologique de l'usage social de la comparaison interculturelle », *Droit et société*, n° 11-12, 1989, p. 219-244.

de nombreuses recherches comparées, notamment lorsque celles-ci sont menées à l'initiative d'organisations internationales comme l'Union européenne, l'OCDE, le Fonds monétaire international, la Banque mondiale, etc. Il est dès lors indispensable de s'interroger sur le statut sociopolitique de bon nombre de recherches comparées conçues en référence à des contextes d'action spécifiques[1]. »

Nous devons en effet nous méfier des expertises trop rapides qui, pour établir leurs résultats, ne prennent en considération que quelques variables ou quelques éléments et non l'ensemble des facteurs susceptibles d'expliquer, au sens strict du terme, une situation[2]. On a vu, ces dernières années et ces derniers mois, se développer ce genre de comparaisons rapides, s'appuyant sur la notion de « miracle » (néerlandais il y a quelques années, danois il y a quelques mois, finlandais dans le futur) et proposant des « explications ». Concernant le Danemark, certaines analyses ont cru voir dans la flexibilité du marché du travail l'élément principal permettant d'expliquer la réussite danoise et notamment son faible taux de chômage. En effet, l'ancienneté moyenne dans l'entreprise est faible au Danemark, la proportion de travailleurs changeant d'emploi plus forte qu'ailleurs, les créations et destructions d'emplois très intenses. La législation sur le licenciement est moins étoffée qu'en France. Nous verrons plus loin pourquoi cette analyse sommaire est

1. C. Vigour, *La Comparaison dans les sciences sociales. Pratiques et méthodes*, La Découverte, « Repères, Guides », 2005.

2. On aura un excellent résumé de toutes les erreurs à éviter avant d'oser comparer dans J.-C. Barbier et M.-T. Letablier (dir.), *Politiques sociales*, P.I.E.-Peter Lang, 2005.

inexacte. Rappelons ici d'un mot que la régulation des licenciements existe au Danemark : un licenciement doit avoir un motif qui peut toujours être contesté devant un tribunal, et la faiblesse de la législation est plus que largement compensée par la puissance syndicale et le dispositif conventionnel. Et d'autres facteurs sont tout aussi susceptibles d'expliquer la réussite du Danemark : protection sociale généreuse sécurisant les salariés, politiques actives de l'emploi, force des syndicats, capacité à passer des accords, niveau de formation des salariés, etc.

Comme l'indique Jonathan Bradshaw, « le défi majeur des études comparatives des politiques sociales est de parvenir à corréler des résultats [...] avec le niveau et les arrangements institutionnels des prestations sociales conçues pour arriver à ces résultats. La majorité des recherches actuelles étudient soit les résultats, soit les dispositifs, mais bien peu se préoccupent d'établir un lien entre les deux – et cela précisément parce que la tâche est peu aisée[1] ». C'est là en effet l'immense difficulté de ces comparaisons, même lorsqu'elles sont très bien menées : comment isoler le ou les facteurs dont on est certain qu'ils expliquent, pour une grande part, la différence spécifique d'un pays ? Sans doute en comparant encore mieux, notamment à l'aide de bases de données solides (permettant de confronter, sur les mêmes événements, des pays ayant mis en place des dispositifs ou des politiques et d'autres qui ne l'ont pas fait) et d'une très

1. J. Bradshaw, « Jusqu'où les minima sociaux contribuent-ils à lutter contre la pauvreté des enfants ? », in C. Daniel et B. Palier, *La Protection sociale en Europe*, La Documentation française, 2001.

bonne connaissance du contexte institutionnel et des pratiques (les batteries d'indicateurs ne permettent pas de repérer les accords informels, les habitus, le pouvoir des réseaux, l'influence des syndicats...).

Mais nous ne devons pas transformer ces nécessaires précautions méthodologiques en interdiction de comparer, de classer, de comprendre, voire de transposer. Comme l'indique Cécile Vigour, auteur d'une somme récente sur les comparaisons en sciences sociales : « L'orientation de la recherche comparative vers de meilleures pratiques n'est pas *a priori* condamnable. » Et de rapporter les propos de Malcolm M. Feeley, selon lequel, « en droit, le but de l'analyse comparative est d'examiner les traits des systèmes légaux étrangers pour déterminer s'il ne serait pas intéressant de s'en inspirer. C'est une entreprise normative, orientée vers la mise en œuvre de politiques ("*policy-oriented*"). Dans les sciences sociales en général, l'analyse comparative a traditionnellement examiné des propositions générales, habituellement à propos des variations dans l'ordre social et juridique, dans le but de les expliquer. Il s'agit d'une entreprise positive[1] ». Nous avons clairement besoin aujourd'hui d'un développement du premier type d'analyse comparative, à vocation normative, visant à mieux comprendre les systèmes d'emploi et de protection sociale en Europe et à déterminer les raisons de leur performances ainsi que les conditions de leur « transférabilité ».

1. M. Feeley, "Comparative Criminal Law for Criminologists : Comparing for what Purpose ?", in D. Nelken, *Comparing Legal Cultures*, Brookfield, Dartmouth, 1997, p. 93-104.

Osons transposer, copier, transférer

Il faut, bien sûr, prêter la plus grande attention à ce terme : que peut-on « transférer », ou encore imiter, copier ? Peut-on « copier » une partie seulement (une politique, un dispositif) ou doit-on copier le tout ? Sur ces questions, nous disposons aujourd'hui de peu d'éclairage et d'assez peu d'aide méthodologique (qu'il s'agisse des chercheurs ou des services de la Commission) : « Les questions méthodologiques et épistémologiques de la comparaison internationale sont rarement travaillées alors qu'elles sont fondamentales [1]. » Dès lors que l'on a déterminé clairement l'objet de la comparaison (par exemple, la politique d'emploi), les critères de la réussite (il faut savoir s'il s'agit du taux d'emploi, du taux d'emploi de la population en âge de travailler, de celui des jeunes, des femmes, ou des seniors, ou encore d'un indice synthétisant le taux d'emploi en équivalent temps plein et la qualité de l'emploi), les éléments qui mettent en évidence la meilleure performance d'une politique d'un pays donné par rapport à un autre, les raisons de cette supériorité (ce qui est plus difficile – s'agit-il de l'effet d'une meilleure organisation administrative, d'un meilleur système d'incitation, d'un meilleur système de protection sociale, d'une politique monétaire et budgétaire plus accommodante… ?), la question est donc : est-il ou non possible de transposer et comment ?

1. J.-C. Barbier, « Remettre la comparaison internationale sur l'ouvrage et dans ses mots », in J.-C. Barbier, M.-T. Letablier (dir.), *Politiques sociales*, *op. cit.*

Une première interrogation s'impose : la visée finale est-elle que les pays les meilleurs soient imités par les autres, et donc que les autres s'inspirent d'eux pour réformer leur système (soit en remodelant celui-ci, soit en adoptant certaines politiques précises), ou bien que, peu à peu, des politiques européennes sociales communes voient le jour ? Il semble bien que la stratégie européenne de l'emploi, dont le cœur est le benchmarking, vise d'abord à faire en sorte que les pays atteignent les objectifs désignés de la manière qu'ils souhaitent, peut-être avec le double postulat (espoir ?) implicite, d'une part, puisqu'il n'y aurait qu'une méthode pour y parvenir, que les moins bons finiront par imiter les meilleurs, et, d'autre part, que les différents pays, lorsqu'ils auront suffisamment convergé, seront alors prêts à mettre en place des politiques communes transnationales. Une telle conception oblige dès lors à répondre à des questions très concrètes : lorsqu'une politique a fait ses preuves (par exemple, on peut penser que la politique active de l'emploi mise en œuvre dans les pays nordiques a fait la preuve de son efficacité, de même que la politique d'accompagnement individualisée des chômeurs développée dans ces mêmes pays), que doivent faire les autres pays, ceux qui n'ont pas d'aussi bons résultats (en termes de taux de sortie du chômage, durée du chômage, taux de reconversion après restructurations...) ? Doivent-ils « importer » cette politique (ce qui consisterait par exemple, après avoir compris que l'accompagnement individuel « marche » en raison de la menace de sanction, du caractère unique de la personne référent, de la fréquence des rendez-vous, des actions de formation mises en œuvre ou des bonnes relations entre le service de l'emploi et les entreprises, à réformer le service public de l'emploi, ses méthodes, ses relations avec les chômeurs et les entreprises) ? Ou bien une telle tentative n'aurait-elle aucun effet, auquel cas il faudrait « importer » beaucoup plus (un système global dans lequel droits et devoirs des différentes parties se contrebalancent, ce qui suppose tout un système de négociation, des syndicats forts et respectés…) ?

La majorité des chercheurs en sciences sociales spécialisés dans ces questions partagent globalement la seconde position et émettent les plus grands doutes sur la notion de transférabilité. Ainsi de Pierson ou de Palier[1], qui mettent en évidence, autour du concept de « *path dependency* » (sentier de dépendance), la diversité des modes d'action nationaux et la persistance de dynamiques spécifiquement nationales : « La contrainte majeure à laquelle sont confrontés les gouvernements nationaux qui veulent réformer leur système réside dans les configurations institutionnelles et politiques spécifiques associées au système de protection sociale national. La force des engagements passés, le poids politique des coalitions d'intérêts associés aux différents programmes de protection sociale, l'inertie des arrangements institutionnels créent des phénomènes de dépendance institutionnelle qui contraignent les systèmes de protection sociale à rester dans la voie tracée par l'histoire et induisent de fortes résistances au changement[2]. » On l'a bien vu par exemple à propos de la mise en place de la

1. B. Palier, *Gouverner la Sécurité sociale*, PUF, 2002.

2. *Id.*, « Les différents modèles de protection sociale », in C. Daniel et B. Palier, *La Protection sociale en Europe*, *op. cit.*

Couverture maladie universelle (CMU) en France ou du modèle de financement de la protection sociale : nos esprits sont trop façonnés par les notions d'ayant droit, de financement assis sur les cotisations, de gestion par les syndicats pour pouvoir aisément passer à un tout autre modèle, pourtant plus simple et plus efficace. Dans cette approche, il ne s'agit pas de copier les autres, mais de comprendre pourquoi, sur certains segments de leurs politiques, ils font mieux que nous, et de tenter, à partir de nos traditions, de nos spécificités, de nos modes de relations sociales, d'obtenir les mêmes résultats à notre manière. C'est aussi, d'une certaine façon, la position officielle de la Commission européenne avec la Stratégie européenne de l'emploi et c'est clairement ce qui explique cette dernière et sa méthode, la MOC.

En fait, la différence est théoriquement importante mais pratiquement ténue : pour développer, par exemple, une politique d'accompagnement individualisé des chômeurs en conservant notre modèle, nous aurons finalement certainement à revoir les structures de notre service public de l'emploi ; pour réformer en profondeur notre politique de formation continue, nous devrons faire évoluer le dispositif institutionnel que nous connaissons aujourd'hui, et ces réformes aboutiront probablement à rapprocher notre propre système des systèmes plus efficaces sur la scène européenne ou mondiale. Mais il nous reste à nous demander quelles sont aujourd'hui les « bonnes politiques » que nous désigne le benchmarking européen, et, parmi cellesci, quelles sont celles qui pourraient être adoptées dans notre pays, avec son contexte et ses spécificités nationales.

C'est alors seulement que nous pourrons résoudre la question de la méthode à suivre : comment implanter ces « bonnes politiques » sans changer certaines pièces essentielles de notre « modèle social » ?

La réussite nordique et ses explications

Le rapport Sapir nous propose donc l'alternative suivante : le modèle anglo-saxon, efficace mais inéquitable, ou le modèle scandinave, efficace *et* équitable. Difficile d'hésiter... Plus sérieusement – et quoi que l'on pense du caractère forcément trop réducteur d'une analyse qui propose tout simplement d'en finir avec le modèle social d'une douzaine de pays européens (sans parler des nouveaux entrants) et qui néglige les immenses difficultés à faire évoluer des systèmes ancrés dans des traditions nationales remontant souvent plus loin que la Seconde Guerre mondiale –, ce choix caricatural nous convient, au moins pour ouvrir le débat sur le type de société que nous voulons. Oui, nous souhaitons allier efficacité économique (pour rester dans la compétition mondiale) et solidarité (parce que nous formons une société) ; oui, nous sommes capables d'infléchir notre modèle social pour qu'il renoue avec ce qui était sans doute son inspiration de départ. Non, les pays nordiques ne sont pas si éloignés de nous que cela. Tentons donc de comprendre en quoi ils réussissent et pourquoi.

La situation est assez particulière, sinon surprenante, pour les experts du secteur social qui, au début des années 1990, auraient trouvé absurde de se tourner vers les pays nordiques afin de rechercher des solutions efficaces aux problèmes économiques et sociaux des autres pays. En effet, alors que, durant les années d'après-guerre, la stabilité politique des pays nordiques et leurs avancées dans le domaine social apparaissaient tentantes pour les populations du Sud de l'Europe qui connaissaient pour la plupart de grandes difficultés, les années 1980 ont vu le fameux modèle social-démocrate suédois ou danois en péril : l'importance des dépenses sociales engendrait un impôt qui atteignait apparemment un niveau inacceptable, au point que des Suédois connus quittaient le pays ; la rigidité des statuts et la tradition de négociation par consensus rendaient les changements quasi impossibles, ou en tout cas très longs ; l'importance du secteur public et la puissance des syndicats semblaient empêcher toute évolution vers une société plus flexible et favorable au développement économique.

La Finlande, pour sa part, était bien loin d'être en situation de constituer un quelconque modèle. Elle avait connu une guerre civile destructrice en 1918 (près de 40 000 morts), des conflits majeurs et des insurrections jusque dans les années 1930. Une invasion avait entraîné deux guerres entre 1939 et 1944, suivies d'une paix négociée à des conditions extrêmement difficiles, qui l'avaient laissée sous une relative influence russe jusqu'à l'adhésion à l'Union européenne, en 1995. Plate-forme du commerce entre l'Union soviétique et le reste du monde, la Finlande a vu son économie s'écrouler au début des années 1990, après la chute du mur de Berlin.

La Norvège, elle, est un pays extrêmement riche et développé, où le chômage est faible et le revenu par habitant un des plus élevés du monde, mais il était et il est encore difficile d'en user comme exemple, dans la mesure où la découverte du pétrole de la mer du Nord à la fin des années 1960 a dopé l'économie. Malgré la mise en place d'un fonds pétrolier, destiné à préserver pour l'avenir l'essentiel des revenus du pétrole, la Norvège bénéficie d'une manne financière qui, compte tenu de la population du pays (4 600 000 habitants), masque une économie n'ayant par ailleurs rien de remarquable.

Au-delà de leurs différences, et malgré les sombres prédictions de l'OCDE au milieu des années 1990, qui condamnaient par exemple la politique danoise, résolument keynésienne, les pays nordiques sont parvenus à conserver un haut niveau de protection sociale tout en développant leurs économies pour les rendre aussi performantes, sinon plus, que celle de la Grande-Bretagne. Et ce dans des pays relativement peu peuplés, donc beaucoup plus exposés que la France ou la Grande-Bretagne aux méfaits de la globalisation en raison de leur faible marché intérieur, et ne pouvant s'appuyer sur un ex-empire colonial parlant suédois, danois, norvégien ou finnois, susceptible de leur procurer des matières premières ou de leur fournir des marchés complémentaires.

Une analyse de ces modèles est vitale pour la France. En effet, les aspirations des Finlandais, des Suédois, des Norvégiens ou des Danois à un État solide qui les protège et à une solidarité active ressemblent beaucoup à celles des Français, qui ne se reconnaissent pas nécessairement dans la liberté et la promotion du risque chères au modèle anglo-saxon. La France n'est d'ailleurs pas le seul pays intéressé. Le Canada procède à des analyses comparatives fréquentes avec les pays nordiques avant d'engager des réformes. Le Japon s'intéresse au modèle du marché du travail danois et suédois. Le nombre de missions d'experts baltes, allemands, anglais, écossais ou italiens est impressionnant, et les ministères nordiques doivent disposer d'équipes importantes pour faire face à la demande, au point que le Danemark a confié cette activité pour partie à une entreprise privée. Les Espagnols, quant à eux, disposent d'une équipe spécialisée dans le secteur social de six personnes basées à Copenhague qui suivent en permanence les réalisations nordiques.

Mais la réalité est-elle à la hauteur de l'image que nous en renvoient les Nordiques, qui ont intérêt à la promouvoir pour attirer les entreprises étrangères et les salariés les plus qualifiés ?

Les caractéristiques des modèles nordiques

Comme on l'a dit, c'est en 1990, dans son ouvrage intitulé *Les Trois Mondes de l'État providence*, qu'Esping-Andersen a repris les diverses typologies proposées dans la littérature (notamment dans des publications de Wilensy et Lebaux, en 1958, ou de Richard Titmuss en 1972) pour présenter sa typologie moderne des États providence, fondée sur les idéologies qui les soutiennent, en distinguant le modèle libéral, le modèle conservateur corporatiste et le modèle social-démocrate. Ces analyses ont bien entendu été complétées ultérieurement, mais, dans l'ensemble, les caractéristiques de l'État providence nordique[1] se retrouvent dans

1. Appellation qu'il faut préférer à celle de « modèle scandinave », qui n'inclut pas la Finlande, ou de « modèle social-démocrate », difficile à appliquer

l'analyse faite récemment par Peter Abrahamson[1] : la population accède à des droits fondamentaux, parfois garantis par la Constitution, sur une base universelle, non liée à des cotisations ou à des besoins ; l'institution dominante pour la protection sociale est l'État ; la portée des dispositifs est globale (universelle et donc coûteuse), le financement est assuré par l'impôt et tous les citoyens en bénéficient.

On peut y ajouter d'autres caractéristiques, comme l'ont fait par exemple Mikko Kautto et Matti Heikkilä, de STAKES (Centre national finlandais de recherche et de développement pour le bien-être social et la santé) : le champ des politiques sociales publiques est étendu, l'intervention de l'État est importante dans toutes les politiques, la part des dépenses sociales dans le PIB est élevée, avec une forte redistribution, la démocratie locale est fortement développée, avec des services sanitaires et sociaux très importants au niveau des collectivités locales, la distribution des revenus est relativement égale, les inégalités sont plus réduites qu'ailleurs, la pauvreté est peu fréquente, l'égalité entre hommes et femmes est un principe de base, toutes les mesures sociales sont destinées à l'individu et non à la famille, ce qui rend les femmes plus indépendantes. D'autres notions telles qu'une certaine homogénéité de la société, la continuité des politiques, un niveau élevé d'organisation, la tradition

---

à la Norvège et au Danemark, actuellement dirigés par des gouvernements d'opposition aux partis sociaux-démocrates.

1. Peter Abrahamson (chef du département de sociologie de l'université de Copenhague), « La fin du modèle scandinave ? La réforme de la protection sociale dans les pays nordiques », *Revue française des affaires sociales*, juillet-septembre 2005.

du consensus et un faible niveau de corruption sont également soulignées.

Mikko Kautto et Matti Heikkilä ont affiné leur analyse dans une publication ultérieure [1] où ils présentent une typologie des caractéristiques mesurables permettant de classer les pays et de les comparer afin d'établir leur appartenance au modèle nordique. Les éléments constitutifs du modèle sont ainsi un haut niveau de dépenses publiques, un haut niveau des dépenses sociales dans le PIB et une pression fiscale élevée. Parmi les résultats, l'idéal du modèle nordique serait de faibles inégalités de revenus, peu de pauvreté et de faibles inégalités de mode de vie ou entre hommes et femmes. Les auteurs ont analysé l'ensemble des pays de l'Union européenne et certains autres pays pour déterminer ceux qui remplissaient pleinement ces critères. Le résultat est que seuls les pays nordiques (Danemark, Finlande, Islande, Norvège, Suède) satisfont peu ou prou ces conditions, le Danemark et la Finlande présentant des divergences. La Belgique se rapproche, elle aussi, du modèle, avec un score relativement proche des cinq pays cités.

La plupart de ces approches proviennent d'observateurs nordiques profondément immergés dans leur culture. Un observateur extérieur noterait que toutes ces caractéristiques reposent sur un contrat de société qui pourrait se résumer de la manière suivante : le secteur privé productif bénéficie d'une grande liberté de fonctionnement et le droit du travail est relativement libéral, même en tenant compte des conven-

1. Mikko Kautto, Matti Heikkilä, Bjorn Hvinden, Staffan Marklund, Niels Ploug, *Nordic Welfare States in the European Context*, Routledge, 2001.

tions collectives négociées avec les syndicats ; en contrepartie, ce secteur productif accepte de financer un haut niveau de prélèvements fiscaux qui permet de garantir que personne ne sera exclu de la société parce qu'il est sans emploi.

Cette situation provient des conflits extrêmement violents qui se sont déroulés dans les différents pays nordiques à la fin du XIXe siècle et pendant la première moitié du XXe siècle. Citons notamment l'exemple danois et l'épisode appelé « compromis de septembre ». Dans les années 1890, les employés adoptèrent une tactique de grève appelée « *omgangsskruen* », qui consiste à initier une grève contre une entreprise, puis à l'étendre aux autres entreprises de la même région afin d'obtenir des accords collectifs. En parallèle, les employeurs voulaient garder leurs prérogatives managériales et ils répondirent donc à ces grèves par des lock-out généralisés dans la région dans laquelle la grève avait été déclenchée. C'est ainsi qu'une petite dispute entraîna en 1899 un conflit d'importance qui dura de mai à septembre et qui prit fin avec le « compromis de septembre » : celui-ci reconnaît l'incapacité des parties à s'anéantir et leur indépendance réciproque. Les employeurs et les employés se reconnurent mutuellement des droits qui s'appliquent encore à ce jour : les employeurs obtinrent le droit patronal à diriger, à répartir le travail et à recourir à la main-d'œuvre jugée adéquate (prérogative managériale), ainsi qu'un système de négociations collectives centralisé avec obligation de paix sociale (interdiction de faire grève) durant l'application de l'accord. Les employés obtinrent, quant à eux, le droit de s'organiser et de s'assembler ainsi que le droit de faire grève en période de négociation.

Certains spécialistes nordiques se penchent régulièrement sur le modèle nordique pour vérifier qu'il fonctionne encore, guidés par une question existentielle : le modèle nordique existe-t-il toujours, ou – variante – le modèle nordique est-il soluble dans le modèle européen ? Toutes les études confirment des évolutions, comme des limitations timides de l'universalisme du fait de la décentralisation, le développement modeste de cotisations pour financer certaines prestations, un léger accroissement des couvertures privées en matière sanitaire (en régression depuis douze mois en Suède), la sous-traitance de certains services municipaux et les protestations contre les files d'attente dans les hôpitaux. Il ne s'agit pas de changements fondamentaux, et, si un rapprochement avec les autres pays européens se dessine, il est apparemment aussi dû à leur évolution social-démocrate, signalée notamment par l'augmentation régulière des dépenses sociales. Mais la crainte de perdre certains éléments du modèle nordique existe, notamment en matière sociale, ce qui explique d'ailleurs une alliance entre la France, la Suède, la Finlande et dans une certaine mesure le Danemark, afin d'éviter que la libre circulation, des services notamment, n'entraîne un dumping social.

Mais venons-en aux fameuses performances nordiques.

Les Nordiques en masse sur le marché de l'emploi

Le taux de chômage, c'est-à-dire la proportion de la population de 15 à 65 ans effectivement à la recherche d'emploi, était en septembre 2005 le suivant, selon l'office européen de statistiques Eurostat :

Japon	4,2 %
Norvège	4,4 %
Royaume-Uni	4,6 %
Danemark	4,7 %
États-Unis	5,1 %
Suède	6,3 %
Finlande	8,3 %
Moyenne UE	8,6 %
France	9,4 %

Ce tableau, qui illustre une réussite relative des pays nordiques par rapport au reste de l'Union européenne et à la France, mérite quelques commentaires. La Finlande a un chômage relativement élevé, mais revient de très loin : après la chute du mur de Berlin, la fin de la manne liée à une situation de quasi-monopole pour certains échanges commerciaux de l'Union soviétique avec l'Est avait conduit à des taux de chômage qui dépassaient 20 % ; depuis cette période, la Finlande réduit mois après mois son chômage et se rapproche des performances des autres Nordiques. Il faut aussi noter que la Suède a un taux de chômage assez bas, mais son résultat est faussé par un absentéisme au travail important (dépassant de 2 points celui de ses voisins nordiques, il est vrai assez bas). La Norvège est, quant à elle, dopée par la situation pétrolière. Mais, dans l'ensemble, les responsables politiques français seraient heureux d'obtenir les mêmes résultats que les pays nordiques.

Toutefois, les chiffres du chômage sont peu significatifs : en effet, ils peuvent refléter aussi bien la situation de l'emploi que le refus de certains groupes de se positionner sur le marché de l'emploi, soit qu'ils n'ont pas d'espoir de trouver du travail, soit qu'il leur est trop difficile d'effectuer les formalités requises, ou qu'ils n'y ont pas intérêt. À la limite, un État qui découragerait ses citoyens de s'inscrire auprès des services de l'emploi aurait de bons résultats apparents. C'est pourquoi l'Union européenne a retenu un autre indicateur, qui décrit mieux la réalité que le taux de chômage : le taux d'emploi, c'est-à-dire le ratio que l'on obtient en divisant le nombre de personnes occupées d'une tranche d'âge par la population totale en âge de travailler de la même tranche d'âge. Les résultats nordiques sur cet indicateur plus réaliste sont aussi bons : sur 100 Français de 15 à 64 ans, 62 ont un emploi [1] (un peu moins que la moyenne des vingt-cinq membres de l'Union européenne), pour 75 Danois, 73 Suédois et 68 Finlandais. Afin de donner un ordre d'idées, si la même proportion de Français que de Danois de 15 à 64 ans se présentaient sur le marché du travail et recherchaient un emploi, le taux de chômage français dépasserait les 18,5 %. Un indicateur montre la charge qui pèse sur les personnes au travail : sur 100 Danois, 51 occupent un emploi, contre 48 Suédois, 45 Finlandais… et 42 Français. C'est le résultat pour la France d'une politique d'exclusion du marché du travail par les préretraites et par des dispositifs désincitatifs à l'emploi des femmes, ainsi que, plus généralement, de la persistance de facteurs qui poussent les personnes handicapées et peu qualifiées à ne pas chercher un emploi.

1. Commission européenne, rapport sur l'emploi 2004.

Ces résultats sont confirmés et même amplifiés si l'on se penche sur les trois catégories qui intéressent beaucoup les décideurs : les jeunes, les seniors et les chômeurs de longue durée.

Près de 60 % des jeunes Danois de 15 à 24 ans, 41 % des jeunes Suédois et 40 % des Finlandais ont un emploi, pour moins de 30 % des jeunes Français. Un complément d'information doit cependant être apporté : dans les pays nordiques, les jeunes de plus de 18 ans bénéficient certes d'un salaire étudiant et de prêts bonifiés généreux à condition de ne pas habiter chez leurs parents mais, afin de vivre confortablement, ils se positionnent sur le marché de l'emploi et sont donc demandeurs d'emploi plus facilement que leurs collègues français du même âge, d'autant que les cours à l'université sont organisés de manière très flexible et permettent d'occuper un emploi à temps partiel en parallèle. De plus, les entreprises sont très ouvertes à cette main-d'œuvre, qu'on pourrait qualifier de traditionnelle dans la mesure où les conventions collectives prévoient sa rémunération et ses conditions spécifiques de travail. De ce fait, les jeunes Nordiques sont avantagés lors de leur entrée sur le marché du travail, car ils disposent d'une expérience professionnelle et souvent de références qui leur facilitent la recherche d'emploi.

Les bonnes performances nordiques sont confirmées par les résultats en matière de chômage de longue durée, qui est trois fois moins élevé par exemple en Suède (1 % de la population active) ou au Danemark (1,2 %) qu'en France (3,9 %) ou dans le reste de l'Union européenne (4,1 %). Enfin, l'emploi des seniors est élevé dans les pays nordiques : en 2003, selon Eurostat, la France, avec un taux d'emploi de 36,8 %, faisait moins bien que la moyenne européenne (40,2 %) et tous les Nordiques étaient très au-delà (68,6 % pour la Suède et 60,2 % pour le Danemark). La Finlande est en général présentée comme un modèle pour avoir réussi, par des mesures simples, peu coûteuses et de bon sens, à faire passer en dix ans son taux d'emploi des seniors de moins de 35 % à près de 50 %.

On serait tenté de taire la question de l'emploi des femmes, tant l'écart entre les pays nordiques et les autres pays de l'Union européenne est criant : 71,5 % des Suédoises de 15 à 64 ans, 70,5 % des Danoises, 65,7 % des Finlandaises travaillent, pour 55 % des Européennes et 56,7 % des Françaises. Les esprits chagrins objecteront que ces différences s'expliquent par le souci des autres pays, dont la France, de favoriser la prise en charge des enfants par les parents, à la maison, pendant leurs premiers mois de vie. Mais les pays nordiques offrent aux parents des congés rémunérés d'un an ou plus à l'occasion d'une naissance, partageables entre le père et la mère, et qu'il est possible de prendre à temps partiel, ce qui montre bien qu'ils éprouvent le même souci de voir les parents accompagner leur enfant dans les premiers mois. De plus, l'existence d'un droit à l'accueil du jeune enfant par les municipalités facilite le travail des femmes qui le désirent. Même si le modèle n'est pas parfait (les mères travaillent souvent à temps partiel long, les tâches domestiques restent encore inégalement réparties, les emplois féminins demeurent très concentrés dans certains secteurs), le fait que les taux d'emploi masculin et féminin soient proches, que l'ambition affichée soit désormais celle d'une prise en charge en commun des enfants et que l'idéal reste, parmi les dirigeants et la plus grande partie de la population, d'impliquer toujours plus les pères dans la vie familiale témoigne d'une immense attention portée à la question de l'emploi des femmes et de l'égalité entre hommes et femmes, et, plus largement, de la reconnaissance que les êtres humains sont chargés de plusieurs rôles, donc d'une vision profondément humaniste.

La démographie comme élément d'explication ?

Il serait injuste de présenter un tableau aussi favorable de la situation nordique sans relativiser les performances des sociétés concernées, au moins celles du Danemark. En effet, ce pays a bénéficié ces dernières années d'une démographie particulière par rapport à certains autres pays européens, dont la France. En 10 ans, de 1993 à 2003, sa population de 15 à 64 ans[1] n'a en effet progressé que de 1,95 % contre 6,3 % pour la France, 5,32 % pour le Royaume-Uni, 4,36 % pour la Suède et 2,36 % pour la Finlande. En réalité, il est surtout intéressant de regarder l'évolution de la population employée dans chacun des pays durant la période : il est clair qu'elle a plus progressé en Finlande (+ 14,8 %) qu'en France (+ 11,1 %), au Danemark (+ 7,5 %), en Suède (+ 6,5 %) ou au Royaume-Uni (+5,4 %).

Toutefois, une analyse raisonnable de ces résultats en matière de création d'emplois doit prendre en compte la

1. *Ibid.*

situation de départ pour la même période. De ce fait, on peut constater que le Danemark partait en 1993 d'une situation de chômage intermédiaire (taux de 9,6 % en 1993, contre 11,3 % en France, 9,1 % en Suède, 16,3 % en Finlande, 6,2 % aux Pays-Bas et 10 % au Royaume-Uni), mais avec un taux d'emploi déjà relativement élevé (72,1 % contre 71,3 % en Suède, 67,4 % au Royaume-Uni, 63,6 % aux Pays-Bas, 61 % en Finlande et 59,3 % en France). La Finlande, les Pays-Bas et, dans une moindre mesure, la France ont créé proportionnellement plus d'emplois que la Suède ou le Danemark, mais dans une situation de rattrapage (comme la Grèce, l'Espagne ou l'Irlande). Tout cela ne suffit donc pas à expliquer les performances nordiques, même si, dans le cas du Danemark, il s'agit d'un élément essentiel à prendre en considération.

Croissance, emploi et partage du travail

Il paraît de bon sens de lier croissance économique et situation de l'emploi, bien que la relation entre les deux soit en réalité complexe. Le paradoxe est que le pays nordique où la situation de l'emploi est la meilleure, le Danemark, est aussi celui où la croissance moyenne sur les dernières années a été la plus faible : la croissance réelle du PNB danois entre 1994 et 2004 a été en moyenne de 2,1 % par an[1], moins que la France (2,3 %), la Suède (2,8 %) ou la Finlande

1. Source : *L'OCDE en chiffres 2005*, supplément à *L'Observateur de l'OCDE*, Éditions de l'OCDE, octobre 2005.

(3,6 %). Une des explications de la faible croissance danoise est, il est vrai, que le commerce extérieur danois dépend beaucoup du marché allemand voisin, dont les performances ont été relativement modestes à la même époque (1,5 %).

Pour la Suède et la Finlande, la croissance (et l'important niveau de création d'emplois pour la Finlande) pourrait être due à l'investissement majeur effectué dans les déterminants structurels de la croissance que sont la recherche et l'éducation.

La situation des dépenses de recherche est en effet remarquable dans les pays nordiques, qui figurent généralement en tête des classements internationaux (Suède plus de 4 % du PNB, Finlande 3,5 %, Danemark 2,6 %, au-dessus de la moyenne de l'Union européenne, à 2 %, ou de la France, à 2,2 %). Il faut dire aussi que l'avantage des pays nordiques en la matière est notamment dû à l'effort de recherche privée, appuyé par des dépenses publiques visant à l'effet boule de neige : les fondations et les entreprises sont incitées à investir. Le résultat est visible : les pays nordiques dans leur ensemble (Danemark, Finlande, Islande, Norvège et Suède), avec moins de 25 millions d'habitants, déposent plus de brevets auprès de l'Office européen des brevets ou aux États-Unis que la France ou le Royaume-Uni.

Un autre facteur explicatif est l'investissement dans la connaissance, avec l'éducation et la formation. Ainsi, en 2002, le Danemark fait l'effort maximal en consacrant 8,5 % de son PNB aux dépenses publiques d'éducation, la Suède 7,7 %, la Finlande 6,4 % contre 5,8 % en France. Dans les panels PISA de l'OCDE, qui mesurent les résultats atteints par les enfants en termes de lecture, de compréhension de la langue et de niveau en mathématiques, la Finlande est en première ou deuxième position dans tous les domaines, la Suède correctement placée, la France et le Danemark se trouvant dans une zone de résultats que l'on pourrait qualifier de très moyens. Mais, surtout, l'école nordique est, plus que dans les autres pays, un facteur d'inclusion : le pourcentage de jeunes ayant quitté prématurément l'école est dans les trois pays parmi les plus bas de l'Union européenne (8,3 % en Finlande pour 13,7 % en France, par exemple). On a là de bonnes explications des taux de croissance finlandais et suédois, et une source de réflexion pour notre pays.

Le cas danois mérite que l'on se penche sur un autre facteur explicatif, que l'on aurait tort de traiter à la légère : la question du partage du travail, qui pourrait nous conduire là encore à une vision proche de la nôtre, mais abordée plus pragmatiquement. En effet, en France, nous avons essayé de réaliser le partage du travail avec le passage aux 35 heures, pour, entre autres, diminuer significativement le chômage. Chez nous, le chômage est toujours élevé, même si la mesure a eu des effets positifs en termes d'emploi. Le Danemark a peut-être réussi le partage du travail, comme d'autres pays qui ont de bons résultats en termes d'emploi : 17,5 % des Danois travaillent à temps partiel, contre 15,2 % des travailleurs de l'OCDE et 13,4 % des Français. Contrairement au temps partiel français, dont une importante partie est « subie » (c'est-à-dire que les personnes souhaiteraient travailler davantage mais ne le peuvent pas), le temps partiel nordique est choisi et n'est pas devenu une forme de gestion flexible de la main-d'œuvre. L'écart est assez important pour fournir un élément d'explication de la différence des taux d'emploi.

Cette analyse se trouve en partie confirmée par les résultats de certaines enquêtes sur la durée du travail hebdomadaire. En effet, lorsqu'on interroge pour le compte d'Eurostat les habitants de l'Union européenne au travail et qu'on leur demande combien de temps ils ont travaillé les semaines précédentes, les réponses sont apparemment étonnantes : les Danois (34,4 heures hebdomadaires) et les Suédois (35 heures) travaillaient en moyenne moins que les Français (36,4 heures) et les Finlandais (37 heures) au deuxième trimestre 2004. En pratique, le fait qu'un Danois travaille 5,5 % de moins qu'un Français ou 7 % de moins qu'un Finlandais provient pour l'essentiel de l'importance du temps partiel dans les différents pays.

On pourrait analyser l'expérience nordique à partir de ce qui a été fait dans le cadre des 35 heures en France. Nous avons fixé une durée légale du travail à 35 heures, et donné aux employeurs et aux salariés des outils pour assouplir la durée hebdomadaire avec la possibilité de moduler le volume hebdomadaire d'heures dans un cadre annuel, grâce à des négociations locales. Les pays nordiques, de leur côté, ont analysé les besoins de la population sur l'ensemble de la vie et les dispositifs existants favorisent le temps partiel ou les réductions du temps de travail aux moments du cycle de vie où ceux-ci sont le plus utiles (par exemple lorsque l'on a des enfants, ou après 55 ou 60 ans, ou lorsqu'une personne de l'entourage est dépendante), quitte à travailler plus le reste du temps : il s'agit de moduler le temps de travail tout au long de la vie et c'est sans doute ce qui explique

que les Nordiques ne rechignent pas à travailler plus longtemps que les Français. La possibilité de vraiment adapter son temps de travail selon ses contraintes de cycle de vie et l'assurance que le travail sera « soutenable », c'est-à-dire que l'on n'arrivera pas totalement usé à cinquante ans, constitue très certainement une caractéristique majeure et une grande réussite du modèle nordique.

Des comptes publics excédentaires

Il s'agit là d'une question centrale pour expliquer comment les pays nordiques arrivent à tirer leur épingle du jeu dans la concurrence internationale : leur gestion des dépenses publiques depuis la catastrophe des années 1990 (déficits de 3,7 % du PNB au Danemark en 1993[1], mais aussi 7,3 % du PNB en Finlande et… 11,6 % du PNB en Suède) a été un modèle et en fait les pays les plus vertueux de l'Union européenne ces dernières années, avec un excédent permanent (entre + 2 % et + 7 % en Finlande pour les cinq dernières années et des résultats du même ordre au Danemark et en Suède).

Bien entendu, les comptes publics se sont allégés en matière de charge de la dette, assez rapidement remboursée. En 10 ans, elle est passée de plus de 81 % du PNB à 44 % au Danemark, de 75 % à 51 % en Suède et de 60 % à 45 % du PNB en Finlande, alors que, dans le même temps, la dette française augmentait de 45,3 % à 65,6 % du PNB.

1. Eurostat, Statistiques générales et régionales, Datasets, 25 juillet 2005.

Il est plus facile ainsi de dégager des marges de manœuvre pour favoriser la croissance par des dépenses productives supplémentaires.

Ces résultats ont été obtenus notamment grâce à une réforme de structure du service public, assez différent du système français, et à des économies relativement uniformes demandées aux ministères et compensées pour certains ministères prioritaires par des créations d'emplois. Les statuts des fonctionnaires ont été revus dans le sens de la simplification, et, en général, pratiquement alignés sur le secteur privé, de même que les salaires et les avantages sociaux. Les doublons, fréquents entre agences et administrations centrales, ont été supprimés, et les administrations centrales limitées aux fonctions stratégiques d'écriture des lois (activité limitée dans les pays nordiques) et de négociations internationales. Les cabinets ministériels à la française n'existent pratiquement plus, le ministre ne disposant en général que d'un collaborateur, outre ses secrétaires, et s'appuyant sur une administration centrale qui lui sert de cabinet étendu. La plupart des pays ont rationalisé les agences et commissions qui s'étaient sédimentées au fil du temps et des décisions politiques qui, comme chez nous, bien souvent, tendaient à répondre à un problème par la création d'une structure. Par ailleurs, les gouvernements ont travaillé à réformer les systèmes sociaux. Les évolutions ont été progressives, mais l'adaptation s'est faite, notamment grâce à la grande crise du début des années 1990, comme, par exemple, pour les sytèmes danois et surtout suédois de retraite, qui, selon l'OCDE, seraient les plus à même de faire face au vieillissement dans les pays occidentaux. La décentralisation s'est faite en supprimant les services de l'État correspondants. Enfin, les administrations nordiques ignorent le système de séparation de l'ordonnateur et du comptable qui, en France, conduit à un doublon de personnel, malgré l'instauration de contrôles *a posteriori*.

Par ailleurs, la structure de financement des dépenses publiques nordiques se démarque de la situation en vigueur dans la plupart des autres pays, et notamment en France. Rappelons d'abord que le niveau global des prélèvements obligatoires est élevé dans les pays nordiques, parmi les plus hauts du monde (48,9 % du PNB 2002 selon l'OCDE au Danemark, 45,9 % en Finlande, 50,2 % en Suède, et seulement 44 % en France et 40,6 % dans l'Union européenne). Néanmoins, les employeurs nordiques ne sont pas trop maltraités en ce qui concerne leurs contributions à ces dépenses : l'impôt suédois sur les sociétés représente[1] 4,8 % des prélèvements obligatoires, contre 5,8 % au Danemark, 6,6 % en France et 8,6 % dans l'Union européenne. Mais c'est surtout dans le domaine des cotisations employeurs que la différence est nette : les cotisations sociales des employeurs représentaient, en 2001, 9,3 % des recettes de protection sociale au Danemark contre 38,8 % en Finlande, 43,1 % en Suède, 45,9 % en France et 30 % au Royaume-Uni[2]. De plus, le taux maximum d'imposition des bénéfices sur les sociétés reste inférieur à la moyenne européenne

1. *L'OCDE en chiffres 2005*, *op. cit.*

2. G. Abramovici, « La protection sociale dans l'Union européenne », *Statistiques en bref*, n° 14 / 2005, Eurostat.

(32,4 %) au Danemark (30 %), en Finlande (29 %) et en Suède (28 %).

Le manque à gagner sur les employeurs est compensé par l'importance de deux impôts :

– l'impôt sur le revenu : il représente 53,2 % des recettes fiscales au Danemark, 30,4 % en Suède et 31,2 % en Finlande (contre 25,8 % dans l'Union européenne, 17,3 % en France et 29,8 % au Royaume-Uni, par exemple) ; on ne peut qu'être frappé que ce niveau de prélèvement ne pénalise pas l'emploi, au contraire, ce qui nous fait nous interroger sur notre politique de réduction progressive de l'impôt sur le revenu ;
– la TVA : le taux normal de TVA est de 25 % au Danemark et en Suède, et de 22 % en Finlande ; contrairement aux cotisations sociales, cet impôt est aussi payé sur les importations, ce qui est un facteur de compétitivité nationale.

Ces éléments nous invitent à réfléchir sur notre système fiscal, comme l'ont fait les pays nordiques dans les années 1990, et à poser plusieurs questions ; comment faire en sorte que les dépenses de protection sociale ne pèsent pas sur l'emploi ? qu'elles favorisent la croissance ? qu'elles favorisent la justice sociale ? et qu'elles incitent à travailler ?

La flexicurité : un concept nordique à manier avec précaution

Le concept de flexicurité est à la mode pour expliquer les performances nordiques. Il a fait l'objet de beaucoup de communications, de discussions et d'opérations de promotion dans tous les pays. Son origine est danoise, et il a reçu l'appui de nombreux experts, de l'OCDE notamment, car il paraît concilier à la fois le libéralisme économique et la solidarité.

De quoi s'agit-il ? Dans sa conception la plus simpliste, telle qu'elle est présentée en France à tout le moins, il s'agit de favoriser la mobilité sur le marché du travail, principalement par la liberté d'embauche et de licenciement, ce qui permet de promouvoir le développement économique, en échange d'une bonne protection sociale des chômeurs, avec notamment un niveau élevé des indemnités de chômage. Cela s'accompagne d'un troisième facteur, qui est l'activation des chômeurs, c'est-à-dire le fait que, très rapidement, les chômeurs sont accompagnés, obligés d'être actifs sur le marché du travail en participant à des groupes de recherche d'emploi, en effectuant des formations destinées à améliorer leur employabilité, et, en cas de chômage de longue durée, en participant à des activités diverses, à des stages ou en occupant quelques mois des emplois aidés. Voilà brièvement présenté le triangle d'or de la flexicurité « à la danoise », tel qu'il est décrit dans de nombreux ouvrages, fascicules, rapports parlementaires et articles de journaux, et surtout dans les documents produits par les services danois chargés de pousser à l'implantation des entreprises au Danemark : la flexicurité est un atout dans la compétition entre pays.

C'est d'ailleurs une source d'inspiration pour les politiques de nombreux États, et on peut penser que la mise en place en France du « contrat nouvelle embauche », par exemple, est un élément d'une politique de flexibilité, de même que le renforcement des effectifs de l'ANPE pour augmenter la fréquence des contacts avec les chômeurs est une manière de pousser à l'activation des chômeurs français.

Mais il suffit d'analyser de manière un peu détaillée la réalité des pays nordiques pour revenir sur cette vision simplificatrice, qui, si l'on s'en tient au seul exemple danois, masque une réalité différente : certes, plus de 800 000 personnes (soit environ 30 % de la main-d'œuvre) changent d'emploi tous les ans et les salariés danois ne restent que huit ans en moyenne dans leur emploi (3e rang de l'OCDE après les États-Unis et le Royaume-Uni). En général, ce n'est pas l'employeur qui décide de se séparer d'un employé, mais ce dernier qui a trouvé ou pense trouver dans le futur un emploi plus intéressant pour lui. Par ailleurs, toujours au Danemark, un cadre au chômage reçoit pendant la première année au moins des indemnités inférieures à celles d'un cadre français. Pourtant, la flexicurité existe réellement : c'est une réalité plus complexe que notre vision schématique, mais aussi plus riche d'enseignements.

En réalité, la flexibilité est envisagée dans les pays nordiques d'une manière beaucoup plus large. Il s'agit, pour la définir sommairement, de la capacité d'adaptation d'un individu, d'une entreprise ou d'un pays à un environnement changeant, ce qui est obligatoire en raison du progrès technique ou de l'exposition à la globalisation. L'entreprise doit être flexible pour survivre. Le concept utilisé dans les commentaires français sur le modèle danois est la flexibilité numérique, c'est-à-dire la capacité de changer rapidement le volume de la main-d'œuvre, par l'embauche, le licenciement, la sous-traitance ou les heures supplémentaires par exemple. Mais l'entreprise doit aussi être capable de flexibilité fonctionnelle, c'est-à-dire de répartir souplement le travail, sans respecter forcément les frontières de ses unités fonctionnelles (un atelier produisant un modèle de voiture doit pouvoir rapidement changer de production, par exemple). Cela suppose une grande polyvalence de la main-d'œuvre et l'habitude de la coopération entre services dans l'entreprise. Une des premières grandes entreprises à utiliser ce concept a été Volvo, qui a cassé les chaînes traditionnelles de production, suivi par d'autres entreprises nordiques (comme Scania pour les poids lourds). L'entreprise doit promouvoir la flexibilité dans les attitudes, et ses managers et ses équipes doivent savoir s'adapter aux changements, par la formation et le développement des compétences. L'ambiance des entreprises nordiques, moins hiérarchiques et laissant une large place au dialogue, est assez différente de ce que l'on trouve dans une majorité d'entreprises (et d'administrations) françaises. L'entreprise doit pouvoir suivre les variations temporelles d'activité, par exemple en utilisant une répartition variable sur l'année du nombre d'heures travaillées et en faisant appel à de la main-d'œuvre saisonnière ou temporaire. Dans les pays nordiques, ces ajustements se font par la négociation collective décentralisée, ce qui permet une adaptation aux réalités des marchés et des besoins locaux, sans qu'il y ait de lois ou de réglementation détaillée sur la question. Les locaux doivent être eux aussi flexibles et s'adapter à l'activité. On peut régler ce problème en faisant appel au travail à domicile ou au télétravail, plus fréquent dans les pays nordiques, à la fois très avancés en matière de nouvelles technologies et soucieux de l'équilibre entre la vie familiale et la vie professionnelle. Enfin, la flexibilité financière permet à l'entreprise d'adapter ses charges en fonction de l'évolution de l'activité, ce qui peut se faire par différentes méthodes, incluant par exemple l'adaptation à la hausse ou à la baisse des salaires selon les résultats ou les besoins. Ainsi, en Suède, dans le secteur des nouvelles technologies de l'information, où l'avant-dernier accord collectif prévoyait un gel sur trois ans des salaires.

Il est aussi important de noter que, dans les pays nordiques, la flexibilité est un concept réciproque, partagé entre l'employeur et l'employé. La personne employée par une entreprise a aussi ses propres besoins de flexibilité, et peut souhaiter des changements de poste et la diversification de ses activités, travailler plus ou moins selon ses besoins, concilier mieux sa vie professionnelle et sa vie familiale, améliorer ponctuellement ses revenus pour faire face à une dépense exceptionnelle, travailler à la maison, etc. Les accords collectifs et surtout les accords d'entreprise prennent souvent en compte ces besoins, exprimés parfois plus par les syndicats locaux que nationaux.

La sécurité n'est pas forcément ce que l'on décrit en France, en se limitant aux allocations de chômage qui, par leur niveau, garantiraient une certaine tranquillité à tout chômeur qui respecterait ses obligations. En réalité, le chômage entraîne dans ses premiers mois des conséquences comparables pour les chômeurs français, danois, suédois, finlandais ou norvégiens, et, dans certains cas, il vaut mieux être français, notamment si l'on dispose d'un salaire supérieur à la moyenne. En revanche, les possibilités d'obtenir rapidement une aide concrète des services de l'emploi, d'effectuer une formation qui peut être longue pour trouver un autre emploi, quitte à se reconvertir complètement, ou de préparer l'équivalent du baccalauréat, ou encore de faire des études supérieures, sont très ouvertes pour les chômeurs, et même pour les personnes qui ont un emploi. Les Finlandais ont mené à bien un projet qui visait à amener au baccalauréat les personnes qui n'avaient pas atteint ce niveau : plus de 100 000 personnes, chômeurs ou non, y ont participé (pour 5,2 millions d'habitants, soit l'équivalent de 1 200 000 personnes en France). Pour une partie non négligeable de la main-d'œuvre, ces périodes de chômage sont davantage des périodes de transition que de drame, d'autant que l'indemnisation du chômage reste stable pendant plusieurs années dans tous les pays, quatre ans au Danemark, par exemple. Cela permet de se préparer parfois à une seconde carrière ou à un nouveau métier, comme c'est le cas en Suède pour les fonctionnaires licenciés pour suppression de poste, formés par une agence nationale qui leur paie leur salaire pendant plusieurs mois, puis reclassés en général à un bon niveau.

L'autre différence importante avec la France en matière de sécurité est que les conséquences du chômage de longue durée sont amorties parce que les minima sociaux n'ont rien à voir avec les nôtres. En pratique, dans chacun des pays considérés, l'État fixe des règles, au demeurant assez compliquées et négociées avec les syndicats et les associations, pour les personnes qui n'ont pas de ressources : les communes doivent payer cette aide sociale pour leurs ressortissants, et ont, comme en Alsace, une obligation de logement. En Suède, par exemple, les personnes sans ressources se rendent au centre communal et rencontrent un travailleur social qui leur attribue l'aide à partir de son ordinateur : chaque membre de la famille bénéficie selon son âge d'une somme (proche du RMI pour un adulte) destinée à son alimentation, à ses vêtements et à ses besoins personnels. Le loyer ou les remboursements d'emprunts sont pris en charge à 100 %, sauf dans le cas où ils sont très élevés, auquel cas la commune peut trouver à la famille un logement adapté (une pièce par membre de la famille, soit par exemple un logement avec trois chambres pour un couple avec deux enfants). S'y ajoutent les dépenses d'hygiène et de santé, les transports, l'abonnement à des journaux et à Internet (pour la recherche d'emploi), et les loisirs (télévision, un billet de cinéma par semaine). Le niveau de ces dépenses est forfaitaire, et calculé informatiquement, mais chaque commune peut y ajouter ce qu'elle estime souhaitable. Le système est aussi généreux en Finlande et en Norvège, et un peu moins dans la période récente au Danemark, notamment pour les immigrés.

Ce type de politique a plusieurs conséquences. Tout d'abord, peu de familles nordiques passent à travers les mailles du filet social, et il est rare qu'un Suédois, un Norvégien, un Danois ou un Finlandais craigne de devenir une personne sans domicile fixe, même si cela peut arriver exceptionnellement. Voilà un élément important de sécurité. Une autre conséquence particulièrement intéressante vue de France est que, dans la mesure où cette politique coûteuse est vraiment décentralisée au niveau de la commune, c'est-à-dire financée par l'impôt communal (et non, comme en France, exercée par le département mais financée en grande partie sur des fonds nationaux), les communes sont très soucieuses de faire retourner à l'emploi ces populations : plusieurs pays ont développé des services communaux de l'emploi (au Danemark et, dans certains cas, en Finlande et en Suède) ou des maisons de l'emploi associant communes et services publics de l'emploi (Finlande, Norvège). Enfin, dans tous les pays, on doit prouver que, sauf problème particulier (physique, mental, social), on est inscrit auprès des services publics de l'emploi et que l'on recherche sérieusement un emploi ou que l'on participe à l'activation pour toucher l'aide sociale : les bénéficiaires qui ne trouvent pas d'emploi doivent effectuer plusieurs heures par jour d'activités pour les communes, certains services sociaux ou de santé ou les entreprises locales.

En résumé, il semble bien que les pays nordiques aient réussi le tour de force de vraiment concilier, d'une part, souplesse sur le marché du travail et des biens et, d'autre part, sécurité des trajectoires professionnelles, mais aussi indemnisation généreuse et incitation à reprendre rapidement le travail, grâce à un ensemble de dispositifs complémentaires (revenus de remplacement élevés mais cependant sous plafond, politiques actives et contrôle de la recherche d'emploi) et d'une philosophie que l'on pourrait caractériser ainsi : la personne sans emploi a des droits et des devoirs, comme la société à laquelle elle appartient.

Le choix des emplois qualifiés bien payés

Une autre caractéristique nordique en matière d'emploi est la promotion délibérée des emplois qualifiés bien rémunérés. Cela s'entend clairement dans les discours des gouvernements et des partis politiques, qui présentent cette stratégie comme une réponse à la globalisation, dans la mesure où, sauf dans le secteur des services à la personne et, dans une certaine mesure, de la construction, la compétition internationale condamne les emplois les moins qualifiés, à tout le moins encore pour de nombreuses années.

Du côté des syndicats, la stratégie est tout aussi ferme, mais sur des bases relativement différentes. S'ils entendent bien l'argument, gouvernemental et patronal, de la compétition internationale, ils cherchent surtout à éviter de privilégier les emplois à bas salaires dans des secteurs à faible valeur ajoutée, car cela signifie une pression constante à la baisse des salaires, pour faire face à la concurrence des pays émergents. De plus, les syndicats et les populations ont pour souci primordial de préserver leurs systèmes de protection sociale : or un tassement ou une baisse des salaires provoque une pression à la baisse des indemnités sociales de toutes natures (allocations sociales, indemnités de chômage, par exemple). On retrouve donc du côté syndical un discours qui est aussi celui de syndicats français : pour rendre le travail attractif, ne baissons pas les prestations sociales, mais augmentons les salaires.

Mais l'augmentation des salaires nordiques ne se décrète pas, et l'État n'intervient pas dans leur fixation ; ils évoluent en fonction des conventions collectives, qui fixent des grilles minimales selon l'ancienneté. Il faut donc un accord des partenaires sociaux, ce qui *a priori* ne paraît pas évident : l'augmentation des salaires est-elle compatible avec l'augmentation souhaitée des profits ? La réponse nordique est claire sur ce point : la progression des profits, et donc des salaires, passe par l'amélioration de la productivité, par une gestion flexible de l'entreprise, qui doit se réorganiser librement en fonction des opportunités, et par une amélioration de la qualification de la main-d'œuvre. À cela s'ajoute la question, discutée clairement dans certains pays nordiques, du partage des bénéfices de la globalisation, qui peut faciliter les relations entre le patronat et les syndicats.

La liberté d'organisation de l'entreprise est le résultat de compromis historiques, établis depuis la première partie du XXe siècle, tels que les accords de Saltsjöbaden en Suède (1938), lors desquels, à l'issue d'un conflit, les partenaires sociaux ont renoncé, pour dire les choses très simplement, à une position d'affrontement en échange d'une participation importante aux décisions et, pourrait-on dire, aux bénéfices. Un scénario semblable s'est déroulé, on l'a dit, au Danemark, ce qui a contribué à faire perdre de son acuité au concept de lutte des classes. La liberté des syndicats de s'organiser et le droit à la négociation collective qui fonde les modèles nordiques se sont donc payés au prix de la liberté de gestion de l'entrepreneur, ce qui signifie aussi, entre autres, la liberté de décider de se séparer d'une partie de la main-d'œuvre pour améliorer les profits de l'entreprise, ce qui est considéré comme bon pour l'emploi futur. En contrepartie, les salariés ont droit à une négociation sur la question des reclassements, et, lors de licenciements collectifs, on a vu des opérations remarquables : les salariés d'Ericsson en Suède, par exemple, ont bénéficié pendant un an, dans le cadre d'un accord collectif, de formations et d'aides à la recherche d'emploi cofinancées par l'entreprise et par l'État. Plus de 80 % des salariés avaient retrouvé un emploi ou engagé une formation longue à la fin de l'année. D'une manière générale, dans tous les pays nordiques, les restructurations sont bien anticipées (en Finlande surtout), bien préparées et bien accompagnées.

Au Danemark comme en Finlande, on attend moins des entreprises : les services de l'emploi sont responsables de la plupart des opérations. La Finlande a même développé des services régionaux de l'État en matière économique et sociale, qui regroupent dans une seule et même administration les services régionaux de l'emploi, ceux de l'économie, de l'industrie, de l'agriculture et de la pêche pour pouvoir préparer les reclassements des salariés des secteurs qui devront subir des mutations dans les années à venir. Ces centres régionaux assurent les fonctions emploi et développement économique et dispensent donc à la fois de la formation en entreprise et des conseils pour la formation, du conseil de développement de produits, de l'aide au développement de nouvelles technologies, du soutien à l'export… Ils réalisent également des diagnostics de situation des entreprises et assurent de cette manière un rôle de détection et d'anticipation des difficultés sociales en réalisant des scénarios en matière de besoin de main-d'œuvre, reconversion, formation, orientation… Ils établissent le diagnostic de situation (financière, possibilités de modernisation, développement international, bilan de compétences de la main-d'œuvre) et dispensent des aides (aides financières pour la restructuration et la modernisation, conseils en matière technologique, prospection de marchés étrangers, développement international, formation de la main-d'œuvre interne, formation de chômeurs pour les postes vacants). Ce type de centre permet d'assurer au mieux la reconversion en fusionnant les deux phases d'anticipation et de traitement : avant que ne se mette en place un plan de restructuration, qui obligera les salariés à rompre leur contrat de travail et à passer par la case chômage, le centre pose un diagnostic suffisamment tôt pour voir comment relancer l'activité de l'entreprise, analyser son marché, sa stratégie, son organisation. La stratégie et les besoins de main-d'œuvre à long terme sont discutés, anticipés, ainsi que les pyramides des âges et les types de compétences nécessaires. On discute aussi des types de renforts technologiques nécessaires et, ensuite seulement, des types de formation à développer pour y parvenir. Et l'on forme alors à ces nouvelles activités les salariés ou les chômeurs disponibles. La formation découle des besoins de compétences à cinq ans, il n'y a pas de formation détachée du poste nécessaire ou de stage parking.

Les travaux de cette administration se font sur la base d'une collaboration étroite avec les partenaires sociaux, qui jouent aussi un rôle majeur dans un conseil consultatif pour les services de l'État. Les équipes universitaires régionales sont associées à ces actions.

L'autre volet qui justifie des augmentations importantes de salaire est l'amélioration des qualifications par la formation. Nous avons vu que le niveau d'éducation dans les pays nordiques est, très généralement, soit bon (Suède, Norvège et dans une certaine mesure Danemark), soit excellent (Finlande). Mais, globalement, le plus impressionnant est l'effort fait par les pays nordiques dans leur ensemble en matière d'apprentissage tout au long de la vie. Jugez-en : lors de l'enquête traditionnelle d'Eurostat, en 2004, 35,8 % de la population active suédoise, 27,6 % de la population active danoise et 24,6 % de la population active finlandaise avait participé durant les quatre semaines précédentes à une formation... pour seulement 7,8 % en France. 80 % des Danois, 71 % des Suédois et 77 % des Finlandais de 25 à 64 ans avaient participé en 2003 à une activité de formation, d'éducation ou d'apprentissage dans l'année[1], contre 51 % des Français. Selon la même étude, 71 % des Français de cette tranche d'âge ayant un niveau d'éducation faible n'avaient eu ni formation, ni action d'éducation, ni apprentissage dans l'année, contre 39 % pour les Danois et Finlandais de même niveau... L'État danois dépense pour la formation professionnelle des adultes (au chômage ou non) trois fois plus que la France (2002, données OCDE).

Les discussions sur la globalisation constituent une autre manière de parler salaires dans les pays nordiques. Les syndicats ont pris position en faveur de la globalisation, à laquelle ces pays ont plus ou moins été exposés tout au long de leur histoire en raison de leur taille, qui ne leur offrait pas des marchés suffisants pour garantir la survie des entreprises. Le Danemark en est un exemple typique, mais la Finlande depuis la chute de l'Union soviétique est aussi un cas de reconversion rapide à l'ouverture sur l'extérieur, sans la protection que lui conférait le marché russe et sa quasi-exclusivité commerciale. Les analyses menées dans les différents pays nordiques montrent l'intérêt de la globalisation :

1. E. Kailis, S. Pilos, « L'apprentissage tout au long de la vie en Europe », *Statistiques en bref*, n° 8 / 2005, Eurostat.

au Danemark, les études réalisées par les experts du gouvernement ont fait apparaître que, pour chaque couronne perdue dans le pays du fait des délocalisations, deux couronnes rentraient ultérieurement. Cela ne gêne pas les syndicats, dans la mesure où ces profits sont partagés avec les Danois, créent de l'emploi et favorisent la hausse des salaires. En Finlande, l'industrie forestière a connu au printemps dernier plusieurs semaines de grèves : entre autres raisons, les syndicats n'acceptaient pas que les délocalisations dans les nouveaux États membres et en Russie, qui enrichissaient les entreprises du secteur et entraînaient des licenciements en Finlande, ne profitent pas aux salariés finlandais.

Le dialogue social sur les salaires est donc plus étendu que celui que nous pratiquons, et l'on pourrait parler de négociation d'ensemble permanente, ce qui permet de sortir des débats sans issue où l'on oppose les besoins salariaux des salariés et la compétitivité de l'entreprise : les pays nordiques montrent qu'aborder différemment cette question dégage des marges de négociation qui nous font cruellement défaut en France.

Le paradoxe salvateur nordique

Les faits sont têtus : on se doutait bien que les pays nordiques étaient performants en termes de protection sociale, mais force est de constater qu'ils caracolent en tête des classements mondiaux établis par des organismes peu suspects d'avoir des faiblesses pour des dépenses élevées de protection sociale. On ne peut qu'être impressionné, même si les classements de ce type sont toujours contestables : la Banque mondiale classe les pays nordiques parmi les quinze économies où faire des affaires est le plus facile (Norvège 5e, Danemark 8e, Islande 12e, Finlande 13e, Suède 14e) alors que la France est 44e – comme quoi ce n'est pas un handicap pour l'économie de disposer de syndicats puissants. Et il est tout aussi intéressant de constater qu'au classement du World Economic Forum concernant la compétitivité des pays, la Finlande est 1re devant les États-Unis, la Suède, le Danemark, Taiwan, Singapour, l'Islande, la Suisse et la Norvège. Quelles que soient les critiques que l'on peut adresser à ce type de palmarès, le fait que des pays à modèle social-démocrate soient en tête est remarquable.

La bonne nouvelle pour nous est donc que ces performances sont possibles avec des dépenses sociales parmi les plus élevées du monde, comme le sont celles de la France. Rappelons que la part des dépenses de protection sociale dans le PIB était en 2002, selon Eurostat, d'un peu plus de 27 % en moyenne dans l'Union européenne, mais de 30,6 % en France, 32,5 % en Suède, 30 % au Danemark et de 26,4 % en Finlande. Il n'y aurait donc pas de corrélation négative entre le niveau des dépenses sociales, la croissance et l'emploi, ce qui constitue pourtant un argument souvent mobilisé dans le débat politique français.

L'explication, ou plutôt la justification économique de ce que certains qualifient de miracle peut être recherchée dans un livre publié récemment aux États-Unis[1] : Peter

1. Peter H. Lindert, *Growing Public : Social Spending and Economic Growth since the Eighteenth Century*, Cambridge University Press, 2004.

H. Lindert, chercheur et enseignant en économie à l'université de Californie et chercheur associé au Bureau national de recherche économique, confirme, à partir de l'analyse de données historiques, qu'il n'y a pas de liens entre le niveau des dépenses sociales et la croissance économique. Il conclut que « le coût national net des transferts sociaux, et des taxes qui les financent, est pour l'essentiel nul ». Et son analyse des difficultés suédoises de la fin des années 1980 et du début des années 1990 montre qu'elles proviennent de la combinaison de deux facteurs : des erreurs majeures du gouvernement en matière de politique économique (notamment la politique des changes) et un financement insuffisant des dépenses sociales, les fameux déficits que nous connaissons actuellement en France.

D'une manière générale, il semble que, sous la pression de la grande crise du début des années 1990 qui les a obligés à modifier leur modèle, les pays nordiques ont trouvé des solutions efficaces et équitables aux problèmes que nous connaissons aujourd'hui. Dès lors, pourquoi donc la conclusion de toutes les analyses françaises consacrées aux pays nordiques reste-t-elle immanquablement la même : ils constituent des sujets d'études intéressants, ils peuvent inspirer le modèle français à la marge, mais en aucun cas ils ne peuvent être transposés ou imités ?

L'impossible transposition

L'idée même de transposer un modèle étranger, qu'il soit anglo-saxon, allemand ou nordique, semble en effet faire injure à notre capacité créative, ou peut-être à notre histoire : nous sommes ceux qui avons inventé les modèles pour le reste du monde (voyez la Révolution française) et nous sommes capables de faire évoluer notre modèle, fût-il poussif, comme nous l'avons fait à plusieurs reprises. La création de notre système de sécurité sociale, à la fin de la dernière guerre mondiale, en est le témoignage.

Dans le cas du modèle nordique, les commentateurs français ont tendance à se montrer plus indulgents qu'à l'égard du modèle anglo-saxon, le plus souvent condamné comme ultralibéral, même dans le cas de la Grande-Bretagne, qui a plus investi dans les services publics (de santé, par exemple) et dans le recrutement de fonctionnaires que les autres pays européens ces dernières années. Nous avons un petit faible pour les pays nordiques : nos sociaux-démocrates conservent quelque chose de la fascination pour le modèle suédois des années 1960 et 1970, et nos libéraux un certain enthousiasme pour la liberté d'entreprendre supposée du modèle danois. Dès lors, le propos est plus modéré : nous pouvons y trouver des idées, nous en inspirer, mais tout le monde évite de parler de transposition.

Les raisons avancées pour justifier cette prudence relèvent de plusieurs registres et méritent d'être analysées, dans la mesure où elles sont souvent sérieusement argumentées.

Les différences de culture

L'argument de la différence des cultures est en général employé soit de façon générique (« le même modèle ne peut fonctionner dans des cultures aussi différentes »), à l'occasion d'un article de journal, d'une interview ou bien d'une étude scientifique, soit de manière plus spécifique : « il s'agit de cultures très homogènes, tout le monde est pareil, on ne peut pas vraiment s'exprimer, les femmes sont comme les hommes » ; « il y a une culture de consensus plus que de conflit, à la différence de ce qui se passe chez nous » ; « la société nordique exerce un énorme contrôle social sur l'individu » ; « ce sont des pays tristes et ennuyeux où l'on se suicide plus qu'ailleurs ».

Il est vrai que nous avons des histoires différentes, et que chaque pays, d'une manière ou d'une autre, est unique. La Suède, par exemple, n'a participé à aucune guerre depuis le début du XIXe siècle, et elle est notamment restée neutre lors des deux dernières guerres mondiales. Cette situation est très différente de celle de la France, du Danemark et de la Norvège, envahis par l'Allemagne nazie. La Finlande présente d'autres différences, car elle a participé aux guerres comme duché russe avant son indépendance (1917), puis a connu la guerre d'indépendance, une sanglante guerre civile quelques années plus tard, une première confrontation avec la Russie au début de la Deuxième Guerre mondiale (la guerre d'hiver), pour avoir refusé le même statut que les pays baltes, puis une seconde en 1942 pour avoir tenté de récupérer la Carélie perdue, avant d'affronter les troupes allemandes stationnées au Nord de la Finlande après la paix avec la Russie, le tout sans – pour l'essentiel – avoir été occupée.

Mais ces différences historiques ne peuvent faire oublier à quel point nos histoires culturelles ont été liées depuis l'époque viking. Avant l'émergence des nationalismes au XIXe siècle, l'histoire européenne est en général une histoire commune, et le rôle de notre pays suffisamment important pour avoir marqué l'histoire et la culture de la plupart des pays européens, et notamment des pays nordiques. Les noblesses suédoise, finlandaise ou danoise parlaient français au XVIIIe siècle, et la culture française a influencé fortement la philosophie, la littérature et l'art. On peut multiplier les exemples qui illustrent une relation historique forte entre les pays nordiques et la France. La plus banale est le choix par les Suédois du général français Bernadotte comme roi en 1818, mais il en existe de nombreuses autres illustrations : l'intervention d'un moine picard dans l'évangélisation de la Finlande et la fondation de l'évêché de Turku (Finlande) au XIIe siècle, les relations entre la reine Christine et le philosophe français Descartes, mort à Stockholm, la construction avec de l'argent français de la forteresse suédoise qui défendait Helsinki (Suomenlinna), la prise de Moscou en 1610 par une armée suédoise composée pour l'essentiel de Finlandais, de Français et d'Écossais et menée par Jakob de la Gardie, fils d'un général français qui avait conquis une partie des pays baltes pour le roi de Suède, ou simplement le fait que presque tous les grands artistes nordiques ont séjourné à Paris pour se familiariser avec notre culture. Cela n'a rien de surprenant, d'ailleurs, car, avant le XIXe siècle et le développement des sentiments nationaux, l'Europe avait déjà des éléments d'une culture commune, avec un langage commun (le français) pratiqué par les cours royales et les intellectuels, ainsi que des échanges permanents avec notre pays.

Il est bien évident que ces relations historiques et culturelles ne font pas automatiquement des pays nordiques des proches de la France sur le plan social ou culturel. Nous n'avons pas été façonnés par le même climat ou par les mêmes luttes contre le voisin russe, nous ne possédons pas de nombreux cousins aux États-Unis, descendants des millions d'émigrés qui fuyaient les grandes famines ayant touché les pays nordiques à la fin du XIXe siècle. Nous ne pratiquons guère le sauna en famille, nous sommes en état d'alerte s'il neige (cela amuse beaucoup nos visiteurs nordiques). Nous sommes français, et ils sont islandais, norvégiens, finlandais, suédois ou danois : c'est très certainement ce qui nourrit l'idée que nous n'avons pas de culture commune, et ce qui fait donc que nous refusons d'envisager toute transposition dans notre pays de ce qui fonctionne là-haut, tout au nord.

Ces différences justifient-elles vraiment nos appréhensions ? Certains affirment avec aplomb que les cultures françaises et nordiques sont trop éloignées pour qu'une transposition soit possible. Afin de prouver une telle incompatibilité, il faudrait une sérieuse comparaison des cultures sociales. Cette analyse n'a jamais été menée, mais il existe déjà quelques outils intéressants de comparaison. Un psychologue néerlandais, le professeur Geert Hofstede, a travaillé à partir de 1967 sur la notion de distance culturelle entre pays[1]. Il a entamé son étude dans son entreprise, IBM, et a collecté des données auprès de 100 000 employés dans 50 pays. Il a ensuite étendu son analyse (et l'a confirmée) dans le monde entier auprès de pilotes de ligne, d'étudiants, de fonctionnaires, de consommateurs. Son enquête concerne surtout le milieu de travail, mais nous apporte quelques réponses intéressantes, à travers les scores de la France et des pays nordiques, sur les différentes dimensions du concept de distance culturelle (index de 0 à 100) :

– sur l'indice de distance hiérarchique (perception sur 100 du degré d'inégalité de pouvoir entre celui qui détient le pouvoir et celui qui y est soumis), la France se distingue nettement des pays nordiques (68, contre 18 pour le Danemark, 33 pour la Finlande et 31 pour la Suède), l'Autriche étant la seule à avoir une culture d'entreprise moins hiérarchique que le Danemark, l'Allemagne et le Royaume-Uni se situant au niveau des autres Nordiques ;

– pour l'indice d'individualisme (intensité de la relation que l'individu entretient avec la collectivité), surprise pour les tenants de l'idée du Français individualiste et des Nordiques moutons : les scores sont pratiquement équivalents pour la France (71), la Suède (71), le Danemark (74), la Finlande (63) se situant légèrement au-dessous ;

1. Voir www.geert-hofstede.com.

– pour la masculinité (mesure de la différence entre les nations qui privilégient des valeurs considérées comme masculines telles que la domination, les performances ou l'argent, au détriment des valeurs dites féminines telles que la qualité de vie, la solidarité et l'intuition), la France a un score plus élevé que les Nordiques (43), au-dessus de la Finlande (26), du Danemark (16) et de la Suède (5), mais loin derrière la Suisse (70), l'Autriche (79) ou le Japon (95) ;
– pour la recherche de sécurité (anxiété créée par les situations d'incertitude face aux événements à venir), les Français (indice 86) sont plus frileux que les Nordiques, bien que les Finlandais (59) ne soient pas très loin, les Suédois (29) et les Danois (23) paraissant prêts à toutes les aventures.

Il est intéressant aussi de noter les résultats d'une étude faite par des chercheurs de plusieurs pays à partir des données fournies par l'enquête sociale européenne (European Social Survey ou ESS) qui répertoriait les valeurs européennes et couvrait la quasi-totalité des pays de l'UE. À la surprise générale, c'étaient les Finlandais et des Français qui avaient les valeurs les plus proches les unes des autres. Selon l'enquête ESS, le principe d'égalité est important, tant en Finlande qu'en France, en particulier pour les femmes. De plus, l'intérêt pour autrui et pour la nature constituait une valeur importante tout particulièrement pour les Finlandais et les Français. La réussite, la richesse et la reconnaissance sociale n'apparaissaient comme importantes ni dans les réponses des Finlandais ni dans celles des Français.

Le résultat de cette enquête peut surprendre, car chacun imagine que les Finlandais ressemblent plus à des Suédois qu'à des Français, d'autant que la Finlande a longtemps été une région de la Suède et, même quand elle était un duché russe, se réclamait des valeurs nordiques. Un article intéressant publié par Arja-Leena Paavola dans la revue de l'université d'Helsinki apporte quelques éléments d'explication. En réalité, les structures familiales qui prévalaient en Finlande différaient de façon significative de celles des autres pays nordiques et s'apparentaient à cet égard précisément au modèle du Nord de la France. L'auteur apporte des éléments d'explication : « Examinée sous un angle historique, la place privilégiée accordée à l'égalité se manifeste notamment dans le fait que l'idéal socialiste a pris en Finlande comme en France la forme du socialisme ou du communisme révolutionnaire, et non celle de la social-démocratie réformiste. » De plus, cette conception franco-finlandaise de l'égalité pourrait provenir du système de successions, comme l'a montré Emmanuel Todd, pour qui l'égalité se comprend dans chaque région en fonction du mode de partage local des successions. Comme l'a noté Arja-Leena Paavola : « Dans l'Est de la Finlande et dans la région de Paris, les biens ont été partagés à parts égales entre les frères. On peut se dire que, s'il en a été ainsi pendant plus de mille ans, cela a certainement dû affecter l'idée que se sont faite de l'égalité les gens vivant là. La pratique prévalant en Suède et en Ostrobothnie finlandaise veut en revanche que ce soit le fils aîné qui hérite de la propriété familiale[1]. » Cela génère une conception très différente de la Grande-Bretagne, par

1. Arja-Leena Paavola, « Sommes-nous vraiment si semblables ? », *Revue de l'université d'Helsinki*, printemps 2005.

exemple, où l'on a eu recours au testament, qui permettait de léguer ses biens à qui on voulait, y compris hors de la famille.

Que peut-on tirer de ces travaux sur le plan des différences de culture entre la France et les pays nordiques ? S'ils ne suffisent pas pour conclure, on ne peut s'empêcher de remarquer des points communs (l'individualisme, par exemple) et des convergences entre cultures française et finlandaise (qui ont des scores en matière de distance sociale relativement proches, ce qui confirmerait l'analyse sur les valeurs évoquée ci-dessus). On ne peut pas non plus s'empêcher de se demander si une étude fine ne montrerait pas qu'il y a moins de différences entre les Parisiens ou les Alsaciens et les habitants d'Helsinki ou de Turku qu'entre ceux de Marseille et de Dunkerque, ou d'Helsinki et de Rovaniemi, ce qui ôterait toute valeur à l'argumentation en termes de culture : nous voyons bien en œuvre le même modèle social à Aulnay-sous-Bois et à Neuilly, malgré quelques différences de culture ?

Les arguments concernant une psychologie particulière nordique, qui rendrait tout possible là-bas et tout impossible chez nous, sont aussi assénés avec une assurance qui n'a d'égale que la méconnaissance des sociétés nordiques. La question de la pression sociale en elle-même est difficile à quantifier, mais quiconque connaît le Danemark sait à quel point ses habitants sont individualistes (ce que confirme le score ci-dessus). La société suédoise est réputée soumise à un contrôle social important, et il est vrai qu'il n'est pas bon pour un parti ou un individu de s'attaquer aux vaches sacrées que sont par exemple la tradition d'accueil des réfugiés, le refus du racisme, l'égalité entre hommes et femmes ou le modèle social – un rôle que tiennent dans d'autres pays la Sécurité sociale, les subventions à l'agriculture, le refus de l'établissement de cartes d'identité ou le système de santé. Mais la pression sur l'individu au travail en Suède est probablement moins importante que dans notre pays, ne serait-ce que du fait de hiérarchies moins pesantes (voir l'indice de distance hiérarchique ci-dessus), même si un Suédois ne serait pas d'accord avec cette appréciation.

Parmi les mythes nordiques qui demeurent aussi très présents dans les mentalités françaises, l'idée de sociétés où l'on se suicide beaucoup (normal si l'on s'ennuie, s'il fait froid et noir) est très répandue, et constitue certainement l'un des éléments fondateurs de l'idée que nos cultures n'ont rien à voir l'une avec l'autre. Outre que les visiteurs disposent à Helsinki, à Stockholm ou à Copenhague de toutes les facilités de capitales animées, sauf pendant les tempêtes de neige ou pendant les périodes de fêtes, où l'on ne trouve pas plus d'indigènes en centre-ville qu'à Paris au mois d'août, ils découvrent en général avec intérêt quelques éléments sur la santé mentale des Nordiques : ceux-ci avalent beaucoup moins de médicaments psychotropes (anxiolytiques et antidépresseurs) que les Français, dans des proportions importantes (de 2 à 4 fois moins). Pour les suicides des hommes [1], on notera que la Finlande (32,94 décès par suicide pour 100 000) devance la France (26,26), le Danemark (18,98), la Norvège (18,19) et la Suède (16,78). Les femmes se suicident moins, mais la situation relative est presque similaire

1. OMS, base de données « Santé pour tous », www.who.dk.

(Finlande 10,49 pour 100 000, France 8,48, Danemark 6,17, Suède 6,71 et Norvège 5,73). On notera aussi qu'une étude comparative des tentatives de suicide dans les villes de la zone européenne de l'OMS[1] pour la période 1989-2002 mettait en évidence le fait que deux villes se partageaient la première place pour le taux le plus élevé de tentatives de suicide : Helsinki pour les hommes et Cergy-Pontoise chez les femmes. Cette situation peut certes s'interpréter de plusieurs manières, par des données culturelles, sociales, géographiques ou génétiques, mais elle ne peut en aucun cas autoriser à conclure que les Nordiques se suicident plus que les Français, ni que cela prouverait que leurs cultures sont très éloignées de la nôtre.

On peut laisser le mot de la fin au professeur Seppo Laaksonen, de l'université d'Helsinki, qui a participé aux études comparatives européennes : « Est-ce simplement que nos valeurs sont similaires depuis longtemps, depuis la Grande Révolution qui a promu la liberté, la fraternité et l'égalité ? »

Consensus, conflits et syndicats

Un argument intéressant concernant les difficultés de transposition de l'expérience des pays nordiques est que ce sont des pays de consensus, héritiers d'une longue tradition en la matière, et où les conflits sont absents parce que les

1. The World Health Organization / EURO Multicentre Project on Parasuicide, Psychiatric Department, University of Wuerzburg, Germany.

syndicats, très puissants étant donné le taux de syndicalisation élevé, sont traditionnellement enclins au compromis, contrairement aux syndicats français, par exemple.

Il y a du vrai dans ces affirmations. De plus, il est certain que, dans tous les pays nordiques, et surtout en Suède, au Danemark et en Finlande, le taux de syndicalisation est très élevé, souvent supérieur à 80 % dans les principaux secteurs de l'économie. Cette situation est, selon les observateurs, due à deux facteurs principaux. Le premier est l'ancienne règle, qui n'est plus aujourd'hui appliquée, même si elle est encore en vigueur, selon laquelle les personnes qui n'étaient pas des adhérents au syndicat ne pouvaient pas bénéficier des dispositions des conventions collectives et se retrouvaient seules face à leur employeur pour négocier. La seconde explication est l'existence d'un syndicalisme de services : ainsi, les syndicats ont eu longtemps une relation étroite avec les caisses d'assurance-chômage, et chaque syndicat avait sa caisse à laquelle ses membres adhéraient ; le contenu des conventions collectives n'est pas comme en France disponible dans les services de l'État, mais seulement accessible *via* les signataires, syndicat ou employeur. Enfin, les syndicats offrent une palette de services : de l'aide pour retrouver un emploi (les syndicats de la métallurgie s'appuient sur le réseau de représentants du personnel pour signaler à leurs adhérents les postes disponibles dans le secteur et préparent leurs adhérents aux entretiens d'embauche), des formations dans leur secteur, des lettres électroniques d'information sur le secteur, sans compter le rôle important de protection – comme le souligne une affiche récente du syndicat suédois LO, image à l'appui, ne pas être syndiqué, c'est comme aller travailler nu… Malgré une légère érosion du taux d'adhésion, qui touche surtout les syndicats traditionnels des cols bleus, le taux de syndicalisation dans les pays nordiques reste élevé.

S'il est indéniable que, dans la plupart des cas, les pays nordiques connaissent plus de paix sociale que la France, il ne faudrait pas en conclure que ce sont des pays de consensus exempts de conflits. Les conflits existent, et ils sont parfois violents, comme ce fut le cas en 2005 du secteur de l'industrie papetière en Finlande (8 semaines de grève totale pour 24 000 personnes), en 2001 des médecins finlandais (11 000 médecins en grève totale hors urgences vitales pendant 20 semaines), en 2004 des éboueurs et d'une partie du secteur municipal en Suède, du personnel navigant des compagnies aériennes nordiques (SAS et Finnair) à plusieurs reprises ces dernières années, etc. Le pays le plus agité de ce point de vue est la Finlande (en 1995, 30 % de jours de grève par habitant de plus qu'en France), notamment du fait de la multiplicité des syndicats. Et il est vrai que, si les manifestations de rue à la française sont rares, les Nordiques savent manifester, bien que les groupes soient plus petits et les thèmes plus militants que contestataires.

La relative paix sociale n'est pas seulement due au miracle de l'esprit de consensus, qui serait tombé du ciel dans les pays nordiques alors que nous aurions été saisis par l'esprit de revendication. Une première raison que l'on peut avancer sans trop de risque est la puissance des syndicats. Outre leur nombre d'adhérents, les syndicats ont amassé au fil des années un trésor de guerre tel qu'ils possèdent par exemple une part non négligeable de l'économie suédoise, à la fois dans l'industrie et l'immobilier. Les journées de grève ne sont d'ailleurs jamais payées par l'employeur, mais sont prises en charge forfaitairement par le syndicat, selon ses règles internes. Ce qui a deux conséquences : la richesse des syndicats fait réfléchir à deux fois les employeurs, qui savent qu'ils ont face à eux un adversaire ayant les moyens de faire durer une grève plusieurs mois dans un secteur donné ; en outre, les syndicats ne souhaitent pas trop entamer leur trésor de guerre s'ils peuvent trouver des solutions négociées.

À ces incitations fortes s'ajoutent des mécanismes de prévention bien structurés, avec par exemple au Danemark un conciliateur national informé au moins 15 jours à l'avance de toute grève, et qui a le pouvoir de repousser le préavis de grève pour trouver une solution. De plus, le gouvernement danois dispose d'une arme de dissuasion quasi nucléaire, avec la possibilité de demander au Parlement, si le conflit s'éternise, de voter les propositions du conciliateur. Et les grèves sont interdites pendant les périodes et sur les thèmes couverts par un accord collectif, ce qui limite les possibilités de conflits sur les salaires et les avantages sociaux : les accords couvrent des périodes de 2 à 4 ans, ce qui explique les pointes dans les statistiques de conflits sociaux dans les pays nordiques.

Enfin, l'absence relative de grandes manifestations de rue trouve son explication non pas dans le sens des responsabilités des syndicats, ou – comme l'ont suggéré des observateurs malicieux – dans les conditions climatiques, mais dans le fait que les syndicats sont si évidemment puissants qu'ils n'ont pas besoin pour aller à la négociation d'avoir été adoubés par une manifestation préalable réussie, qui leur donnerait comme en France la légitimité nécessaire pour négocier efficacement.

Autant d'éléments qui remettent en cause quelques idées reçues. L'expérience nordique offre les conditions d'un dialogue social efficace, qui limite les conflits ouverts. Rien ne nous empêche de réfléchir aux conditions nécessaires pour qu'il en soit ainsi en France.

Les différences de taille et de structures économiques

D'autres arguments méritent qu'on s'y attarde. On pourrait les formuler de la manière suivante : comment des recettes qui fonctionnent dans des pays dont la population est entre 7 fois (Suède) et 10 fois (Danemark, Finlande, Norvège) moindre que la population française pourraient-elles fonctionner dans notre pays ? Folie, dit-on : on ne gouverne pas un petit pays comme un grand.

L'argument paraît objectif et raisonnable : après tout, poussé à son extrême, le raisonnement concernant la transposition des succès des petits pays pourrait laisser penser qu'il suffirait de prendre exemple sur la principauté de Monaco ou le Liechtenstein, qui réussissent économiquement, pour réussir aussi. Certes, il est difficile de comparer l'économie monégasque et l'économie française, alors que, comme nous le verrons, il y a quelques points communs entre la France et les pays nordiques. Mais il est possible que, malgré tout, on ne puisse pas mener à l'échelle d'un pays de 63 millions d'habitants une politique économique aussi efficace que dans un pays de 5 millions d'habitants ; nous ne pouvons que le reconnaître. Dans ces conditions, ne peut-on dire que les habitants des régions Nord Pas-de-Calais, ou Rhône-Alpes, par exemple, connaîtraient un chômage plus faible et auraient des salaires plus élevés si leur politique économique ne dépendait pas de décisions nationales ? L'argument de la taille se retourne donc facilement : la technique pour se rapprocher des pays nordiques est à notre portée, elle s'appelle la décentralisation, elle repose sur un développement du rôle des régions, elle a comme parrain le général de Gaulle et elle a été efficacement testée par les États-Unis, où les compétences fédérales sont limitées et où les États ont souvent des tailles proches de celle des pays nordiques.

Plusieurs commentateurs ont également, à l'occasion d'interventions orales, d'interviews ou au détour d'une phrase lapidaire dans un article, argué de la structure de l'économie des pays nordiques pour justifier l'impossibilité d'utiliser leur modèle comme référence. L'économie des pays nordiques reposerait sur des réseaux de petites ou de moyennes entreprises, alors que la nôtre se caractériserait par la présence de grandes entreprises. C'est inexact : pensons au rôle mondial du finlandais Nokia (probablement considéré comme japonais par certains), des papetiers UPM Kymmene et Stora-Enso, de Norsk Hydro dans le secteur pétrolier, de Telia-Sonera dans les télécommunications ou de Kone pour les ascenseurs. Parfois aussi, on défend l'idée que ce sont des pays où l'industrie occupe une place plus limitée qu'en France, au profit des services. Un certain nombre de vérités méritent d'être rétablies[1] :

1. *L'OCDE en chiffres 2005*, *op. cit.*

– L'agriculture apporte 2,6 % de la valeur en France, 2,3 % au Danemark, 3,4 % en Finlande et 1,9 % en Suède.
– L'industrie apporte 21,5 % de la valeur ajoutée en France, 25,9 % au Danemark, 31,1 % en Finlande et 28,1 % en Suède.
– Les services apportent 75,9 % de la valeur ajoutée en France, 71,8 % au Danemark, 65,5 % en Finlande et 70,1 % en Suède.
– Dans le secteur manufacturier, en moyenne, une entreprise française compte 15,9 salariés, une entreprise danoise 23,6 salariés, une entreprise finlandaise 16,3 salariés et une entreprise suédoise 13,8 salariés (pour 36,4 en Allemagne et 22,7 au Royaume-Uni).

La Finlande, le Danemark, la Suède et la Norvège ne sont certes pas la France sur le plan économique, mais les différences ne sont pas telles qu'elles rendent inutilisables les solutions nordiques, d'autant qu'elles ne sont pas aussi importantes qu'on le dit et qu'on l'écrit dans les débats français.

Certains diront que ce sont des pays plus ouverts vers l'extérieur que la France (ce qui est de moins en moins vrai) et qu'ils utilisent des stratégies économiques auxquelles nous ne recourons plus, comme les dévaluations compétitives. En réalité, les pays nordiques, qui ont plutôt tendance à se comporter comme de bons élèves du débat européen, en suivant les recommandations de la Commission, ont parfois adopté l'euro (Finlande) ou accroché leur devise à l'euro (Danemark). La Suède a récemment laissé flotter sa monnaie, après le refus de la population d'adopter l'euro, mais elle fait en sorte de conserver sa parité dans le tunnel recommandé par la Commission européenne. Ces critiques datent donc.

Les différences d'organisation de la société

Un argument beaucoup plus puissant concerne l'organisation de la société. Il a été développé notamment dans une très bonne analyse de Jean-Claude Barbier[1] relative au modèle danois, mais qui pourrait s'appliquer à l'ensemble des modèles nordiques : l'utilisation d'un modèle, nordique ou non, doit pouvoir s'inscrire « dans une cohérence sociétale propre. Ces cohérences restent malheureusement ignorées par la plupart des analyses économiques et des discours politiques ». Ainsi, le bref passage en revue de quelques aspects cruciaux de la cohérence danoise invite à méditer sur ses éléments constitutifs ou ses « arrangements institutionnels ».

Les modèles nordiques ne sont pas seulement, comme la plupart des commentaires pourraient le laisser penser, l'addition d'une organisation spécifique du marché du travail, de la flexicurité, d'une fiscalité qui épargne le travail et de la qualité du dispositif d'éducation et de formation. Il existe une caractéristique supplémentaire qu'on pourrait qualifier de souci d'une amélioration permanente de l'orga-

1. « Apprendre vraiment du Danemark », Centre d'études de l'emploi, 2005.

nisation du pays, de ses institutions et de son administration pour les rendre plus performants.

On peut à cet égard évoquer la recherche permanente du meilleur niveau de décentralisation des actions, en tout cas du plus efficace. Les pays nordiques ont, malgré leur taille, décentralisé au niveau municipal le secteur social, y compris la prise en charge de la dépendance, ce qui a permis des arbitrages rationnels entre le maintien à domicile et l'institutionnalisation : les maires sont suffisamment près de la population pour juger des besoins, et, dans la mesure où ceux-ci sont financés par l'impôt local sur le revenu, ils proposent les réponses les plus adaptées. On commence en France à s'interroger sur la stratégie dans ce domaine, en voyant notamment des pays comme le Danemark fermer des établissements traditionnels, organiser un accueil très différencié selon les besoins et développer les services à domicile, pour des raisons financières mais aussi pour répondre de manière plus satisfaisante à la demande.

Pour le système de santé, la Finlande a décentralisé les compétences au niveau des communes, qui sont chacune responsables de la santé de leurs habitants (sur le plan financier et sanitaire), y compris pour l'hospitalisation. Les communes, qui lèvent l'impôt, se regroupent plus ou moins librement en districts hospitaliers, qui négocient les prix et les prestations avec les hôpitaux. Le système de santé finlandais a des résultats sanitaires proches de ceux de la France et de la Suède, mais la Finlande ne consacre que 6,5 % à 7,5 % du PIB aux dépenses de santé, contre environ 10 % pour la France. Les maires semblent en situation de choisir les solutions les plus efficaces.

L'évolution récente du Danemark montre l'importance des réformes de l'organisation institutionnelle. Ce pays vient de supprimer le niveau des comtés (équivalent à nos départements) pour confier l'essentiel de leurs compétences aux communes, tout en créant des régions principalement chargées de l'hospitalisation et sans ressources d'imposition spécifique. Cette réforme a des conséquences en matière d'emploi : en 2007, les fonctions « emploi » des communes, proches des services sociaux, seront fusionnées avec celles du service public de l'emploi, ce qui est une généralisation du concept de maison de l'emploi, à cette différence près que cela donne aux communes un rôle accru. Comme le note Jean-Claude Barbier, dans le même temps, « quels que soient les résultats, dans le futur, des importantes réformes en cours en France, qu'on ne saurait mésestimer, (i) celle-ci reste le pays qui a refusé au début des années 1990 la décentralisation de l'ANPE (voir le rapport Brunhes de 1989) ; (ii) un pays marqué par la fragmentation des minima sociaux conçus pour des catégories particulières et bien difficiles, à l'expérience, à réformer (aux cinq existants pour les personnes d'âge actif s'est ajouté un sixième, le revenu minimum d'activité, qui a, pour l'instant, montré tous les signes d'un échec) ; (iii) un pays marqué par la multiplicité des acteurs intervenant dans les prestations et le placement ». Oui, sur cette question de l'organisation du pays, on peut apprendre des pays nordiques.

Il serait possible de prolonger la réflexion par une analyse de ce que l'on peut appeler la gouvernance du pays. On ne peut qu'être frappé par quelques caractéristiques spécifiques des pays nordiques, qui marquent des différences majeures avec notre pays et jouent certainement un rôle dans leur efficacité. Leur capacité à se réformer et à préparer l'avenir est probablement liée à la jeunesse des classes politiques. Dans la plupart des cas, les femmes et hommes politiques se retirent à l'âge normal de la retraite dans le pays, ce qui permet d'avoir un Parlement et un gouvernement dont la moyenne d'âge est assez basse. À l'évidence, cela a un impact sur la capacité à envisager des réformes difficiles à court terme mais efficaces pour préparer l'avenir. De la même façon, les règles très strictes en matière de transparence de l'action publique (accès libre à tous les documents administratifs, sauf classement confidentiel défense, obligation pour un fonctionnaire saisi par un citoyen ou un journaliste de fournir tout document en sa possession, fût-ce les notes de frais de son ministre, publication des salaires individuels dans des documents remis aux syndicats) limitent les tentations mais, surtout, permettent aux médias de se pencher sur les dépenses et les activités injustifiées. Le contrôle parlementaire (on n'imaginerait pas qu'un gouvernement gèle des crédits sans une autorisation formelle du Parlement, le Parlement peut recourir à des audits privés pour contrôler le gouvernement), la décentralisation, le transfert de toutes les fonctions techniques des ministères à des agences indépendantes dans leur fonctionnement évitent beaucoup de tentations technocratiques, ce qui laisse place à l'expertise extérieure et au dialogue social pour faire évoluer le pays.

Aller vers un modèle nordique

Faut-il donc transposer ? Il est vrai que même des observateurs nordiques, et surtout suédois, cherchent à nous en dissuader, pour des raisons assez différentes selon les catégories auxquelles appartiennent les déçus du modèle. La gauche de la social-démocratie s'estime trahie par les réformes menées par les derniers gouvernements, fussent-ils sociaux-démocrates, qui ont amélioré la fluidité sur le marché du travail et, surtout, pesé lourdement sur l'emploi public à travers les réformes que nous avons évoquées. Cela s'accompagne selon eux d'une baisse des services offerts à la population : on cite notamment le secteur hospitalier, où la recherche de productivité conduit à certains moments à allonger les files d'attente. La conclusion de ces critiques est qu'il n'y a plus de modèle nordique et qu'on a désormais affaire à une variante du modèle libéral. Du côté des conservateurs et des milieux de l'industrie et du commerce, il nous est reproché d'idéaliser le modèle nordique, à leurs yeux inefficace en raison de l'importance du secteur public et de l'absence de concurrence dans ce domaine, ce qui rend le pays non compétitif. Droite et gauche attaquent le gouvernement social-démocrate sur l'emploi, dénonçant un chômage déguisé, car toutes les personnes de 15 à 65 ans ne sont pas comptabilisées comme actif ou demandeur d'emploi. La gauche nordique en conclut qu'il faut créer de l'emploi public pour ces personnes, ce que le gouvernement suédois doit faire en 2006, année électorale, alors que la droite s'attaque à la politique économique du gouvernement et, notamment, à l'importance des impôts et du secteur public.

Nous l'avons dit : les économies nordiques, mal en point au début des années 1990, sont actuellement parmi les plus performantes du monde. Certes, elles croissent moins vite que la Grèce et l'Irlande, elles sont moins prospères que celles des États-Unis. Mais, si la vraie question est de savoir, pour nous Français, dans quelle mesure les modèles nordiques constituent, moyennant quelques adaptations à la réalité française, un modèle plus efficace que le nôtre *et* en accord avec nos valeurs, les éléments avancés dans les pages qui précèdent sont assez convaincants. Les critiques internes aux modèles nordiques sont plutôt de nature à nous inciter à penser que nous pourrions faire mieux.

Mais comment ? L'examen des arguments auquel nous avons procédé ici met clairement en évidence la nécessité d'un gros effort de réflexion sur les conditions préalables aux réformes. Il faut d'abord construire les conditions rendant possible le dialogue social et le consensus, et revoir l'organisation politique du pays (collectivités locales et compétences des différents niveaux) en respectant le principe de subsidiarité.

Cela peut paraître difficile, mais ce n'est en aucun cas impossible, à condition de vaincre deux obstacles majeurs qui nous paralysent. Le premier est le pessimisme qui domine le débat en France, comme le prouvent les études récentes de la Fondation européenne pour l'amélioration des conditions de vie et de travail : sur les 25 pays de l'Union européenne, la France est 24e en ce qui concerne l'optimisme concernant le futur ; 55 % des Français n'ont pas confiance dans le futur, contre 45 % des Européens, mais seulement 7 % des Danois, 11 % des Finlandais et 16 % des Suédois, qui sont les trois nationalités les plus optimistes. L'autre obstacle sur notre route est l'idéologie : nous aimons théoriser, ou plus exactement placer nos réformes dans des cadres de référence idéologiques, qui ont été souvent d'origine marxiste ou antimarxiste, quand la manière de travailler des Nordiques est essentiellement pragmatique. La difficulté mais aussi l'atout de l'opération, que la gauche ou la droite françaises soient au pouvoir, est que les réformes à faire ne sont ni de gauche ni de droite : les mesures sont destinées à augmenter la richesse collective, et non simplement à déterminer la répartition des richesses.

Alors, faut-il transposer ? Si transposer c'est traduire, c'est-à-dire faire changer de forme, alors il n'est peut-être pas si difficile de faire adopter par le génie français un certain nombre de principes, de réformes et de politiques qui fondent aujourd'hui l'efficacité du modèle nordique.

Le temps des réformes : quel modèle pour la France ?

Lorsque nous avons fait le choix de créer l'Union européenne et d'y entraîner nos voisins, en mettant en place une union tant politique qu'économique, nous avons donné à notre pays les moyens de garantir une sécurité politique évidente, en comparaison avec les générations précédentes, et nous avons fait le pari, probablement gagné, du développement économique accéléré, malgré les périodes de ralentissement relatif de notre croissance. Nous avons donc ouvert notre économie, et nous sommes actuellement d'autant plus exposés à la concurrence économique que nous avons participé activement au mouvement du commerce international, dont nous bénéficions tout en facilitant le développement des pays moins développés.

Pourquoi nous devons réformer

Les institutions européennes ont mis en place, dans les années 1970, les instruments permettant de réaliser un marché européen sans trop de casse sociale : on pense notamment à l'accompagnement social des restructurations. Aujourd'hui, alors que nos pays sont embarqués dans cette vaste compétition globale qui met en concurrence les biens et les systèmes sociaux, nous avons à nouveau besoin d'une régulation et probablement de nouvelles formes de protection. Nous avons besoin à la fois d'une régulation mondiale, de régulations européennes, sans nul doute, et de décisions nationales cohérentes avec ces stratégies plus globales. Mais avant de rentrer dans le détail des réformes françaises qui nous semblent nécessaires, il importe de revenir encore une fois sur la nature des défis et des contraintes auxquels nous sommes confrontés.

En effet, un certain nombre de voix s'élèvent en France, mais aussi ailleurs en Europe et dans le monde, pour remettre en cause le bien-fondé et l'intérêt de l'ouverture incessante des frontières et de l'intensification du commerce international. Car nous sommes loin de disposer des informations qui pourraient nous permettre d'évaluer précisément les avantages et les inconvénients de l'intensification des échanges internationaux dans les conditions actuelles : certains indiquent que, à l'échelle mondiale, celle-ci a permis et permettra de réduire très considérablement la pauvreté dans certains pays en voie de développement, d'autres qu'elle a renforcé les inégalités entre pays du Nord et du Sud et à l'intérieur de chaque groupe[1]. Nous devons accepter de reconnaître que nous ne savons pas, aujourd'hui, si le processus de globalisation est bon ou non, ni pour qui. Mais nous savons que ce processus est pour l'instant en cours, qu'il ne

1. P. Auer, G. Besse, D. Méda (dir.), *Délocalisations, normes du travail et politique d'emploi. Vers une mondialisation plus juste ?*, La Découverte, 2005.

peut être arrêté, ni même, semble-t-il, freiné, et qu'il nous importe donc, quelles que soient les évolutions de moyen et long terme, de nous y adapter et, si nous nous en donnons les moyens, de les influencer.

Il en va exactement de même avec les contraintes issues du traité de Maastricht et du Pacte de stabilité et de croissance : certains analystes défendent l'idée que la croissance française, et les initiatives que notre pays pourrait prendre pour sortir de sa langueur, sont bridées par des politiques et des critères restrictifs, de nature exclusivement monétariste. Face à ces critiques, nous ne pouvons que nous rendre à l'évidence : le bilan de cette politique n'a pas été tiré, la conception très réductrice du rôle de la Banque centrale européenne (à la différence du rôle élargi qui est celui de la Banque centrale américaine, attentive à la croissance) n'a pas été évaluée. Dès lors, à partir du moment où un tel cadre est fixé, il est facile pour des institutions internationales, sans responsabilité réelle et dominées par une école de pensée unique, de plaider pour l'idée que seul un ajustement sur le marché du travail est possible et qu'il faut lutter contre les « rigidités » de celui-ci. Face à cette position idéologique plus que technique, il serait urgent que l'Union européenne se dote le plus rapidement possible d'une politique budgétaire et fiscale.

Mais, dans l'immédiat, nous devons nous adapter au contexte actuel en sauvegardant nos valeurs et nos principes, et en préservant le long terme. Les réformes à mettre en place en France aujourd'hui doivent donc nous permettre de tenir compte de la mondialisation, quoi que l'on pense de celle-ci, et garantir, d'une part, qu'il sera possible de passer dès que possible à une vraie européanisation des politiques conforme à nos souhaits et, d'autre part, que les droits des travailleurs et des citoyens seront préservés, autrement dit que leur situation ne sera pas sacrifiée sur l'autel des contraintes. Et nous devons désormais aller vite.

Un enjeu premier pour la France est aujourd'hui de se repositionner dans la nouvelle division internationale du travail : nous ne pouvons pas nous battre sur des produits standardisés, de faible qualité et à faible valeur ajoutée, avec des concurrents dont les coûts du travail sont trente fois inférieurs aux nôtres ; nous devons au contraire développer nos avantages comparatifs, c'est-à-dire nous spécialiser sur les productions à très haute valeur ajoutée, ce qui suppose évidemment des politiques d'éducation, de formation continue, de recherche extrêmement poussées. Cela signifie également que nous devons accepter la recomposition de notre système productif et la nécessité des restructurations : nous devons donc admettre l'idée d'abandonner certains secteurs et certaines productions, et ne pas retarder les ajustements.

Cette politique ne peut être engagée qu'à la condition expresse que la population française et les salariés ne soient pas les victimes de cette adaptation : non seulement ce serait une immense injustice que de faire supporter aux salariés d'un secteur condamné le coût des restructurations nécessaires, mais ce serait évidemment le meilleur moyen de les dresser contre toute réforme et contre l'idée même de mondialisation. Il importe donc absolument que les ajustements du système productif soient accompagnés et même précédés d'opérations de très grande ampleur visant à s'assurer que les salariés concernés seront aidés, formés, reconvertis, indemnisés, accompagnés. D'une manière générale, comme nous allons le voir plus en détail, il nous faut moderniser nos politiques d'accompagnement et doter les salariés de nouveaux droits leur permettant d'augmenter leur maîtrise de ces processus, avant même d'engager toute réforme visant à un assouplissement des règles en œuvre sur le marché du travail.

Or, pour définir les réformes à mettre en œuvre et la manière dont cela peut être mené à bien, les expériences des pays nordiques que nous avons rapportées peuvent nous être d'une extrême utilité.

La nécessité d'une politique active de l'emploi

Une des politiques développées par les pays du Nord qui a fait la preuve de son efficacité est la politique active de l'emploi. Il nous semble urgent d'adopter une telle politique en France, de manière plus poussée qu'à l'heure actuelle. De quoi s'agit-il ? De politiques du marché du travail, visant à réorganiser celui-ci pour réintégrer le plus rapidement possible les chômeurs, en mettant à disposition à la fois des services publics de l'emploi performants, des incitations à retrouver de l'emploi, des subventions, des formations, y compris lourdes, lorsqu'il s'agit par exemple de reconvertir totalement les personnes. Cela permet aux individus d'éviter la dégradation de leurs compétences et de retrouver un emploi au plus vite. Des sommes très importantes devraient y être consacrées. Rappelons en effet d'un chiffre que les dépenses de politiques d'emploi au Danemark représentent 4,3 % du PIB contre 2,7 % en France. Ces points sont désormais l'objet de relatifs consensus. « La mondialisation n'est pas nécessairement un jeu à somme nulle, rappelle Raymond Torres dans un ouvrage récent consacré à l'internationalisation de l'emploi[1]. Il s'agit au contraire d'un processus de destruction créatrice qui peut améliorer le bien-être des pays qui y participent [...]. Les bénéfices de la mondialisation ne sont pas automatiques et entraînent des coûts d'ajustement. » L'action publique, continue-t-il, est donc nécessaire pour que les bénéfices de la mondialisation se réalisent vraiment. Sous certaines conditions, « les politiques actives du marché du travail constituent un volet essentiel d'une bonne politique de réponse à la mondialisation. Des dispositifs visant à assurer un soutien personnalisé aux chômeurs, une formation adaptée et orientée vers l'emploi ou encore un emploi aidé peuvent s'avérer particulièrement efficaces ». Donnant quelques exemples de ce qui fonctionne en matière de politiques actives d'emploi, l'auteur continue ainsi :

– les dispositifs de conseil personnalisé à recherche d'emploi et de suivi individuel des chômeurs s'avèrent souvent efficaces par rapport à leur coût ;
– la formation, l'emploi aidé ou autres subventions à l'emploi peuvent constituer un complément utile, mais à condition qu'ils soient ciblés, tournés vers l'emploi et, le cas échéant, obligatoires ;

1. Voir P. Auer, G. Besse, D. Méda (dir.), *Délocalisations, normes du travail et politique d'emploi. Vers une mondialisation plus juste ?*, *op. cit.*, p. 159-176.

– les services publics d'emploi, qui gèrent ces dispositifs, doivent avoir à leur disposition des moyens suffisants – notamment un nombre adéquat de conseillers compétents et capables de communiquer avec des publics à risque ;

– il est essentiel de concevoir l'ensemble de ces dispositifs dans une logique d'obligations réciproques. Le demandeur d'emploi reçoit une prestation et des services de qualité, et s'engage à rechercher activement un emploi.

« Les pays nordiques, les Pays-Bas, l'Irlande et le Royaume-Uni, indique Torres, ont mis l'accent sur les politiques d'activation. Certes, dans certains cas l'impact sur les budgets publics est important (notamment pour les pays nordiques, où les prestations sont assez généreuses). Mais les résultats en termes d'emploi sont indéniables et des études ont montré que l'efficacité du service public d'emploi dans ces pays constitue un élément essentiel de cette réussite. »

Résumons : accompagner les chômeurs individuellement, prendre en charge le plus rapidement possible les personnes privées d'emploi, instaurer un guichet unique, développer des actions de formation pour les reconvertir, les ramener le plus vite possible à l'emploi, et dans un emploi le moins éloigné possible de leur qualification, aider ceux qui les embauchent – voici un ensemble de mesures qui semblent avoir fait leurs preuves, qui ont été développées à grande échelle dans plusieurs pays européens, dont le Royaume-Uni et les pays nordiques, et que nous devons également promouvoir.

Avons-nous besoin, pour mettre en place de telles actions, de disposer nécessairement du même dispositif institutionnel que les pays qui réussissent et donc de copier leurs institutions ? Il ne le semble pas. « Il suffit » sans doute que des moyens suffisants et des incitations à être efficaces soient donnés aux services chargés des personnes à la recherche d'un emploi ; que les formations soient bien articulées avec à la fois les compétences de départ des chômeurs, les besoins des entreprises, les prévisions d'emploi ; que les principes et les objectifs recherchés soient correctement définis : dans le cas d'espèce, il semble que la France soit plus éloignée du modèle du Royaume-Uni, où les allocations de chômage sont forfaitaires et d'un niveau faible, la durée d'indemnisation courte et l'obligation à reprendre vite un emploi – même éloigné des qualifications originelles – forte, que du modèle nordique, où les allocations de chômage sont élevées, proportionnelles au revenu, distribuées assez longtemps et articulées avec l'aide sociale.

On peut donc sans doute obtenir un équivalent du « dispositif nordique » de politiques actives aux conditions suivantes : plus de moyens (financiers et humains) pour les agences chargées du placement des chômeurs ; plus d'efficacité et une meilleure répartition des responsabilités entre les trois acteurs chargés du placement, de l'indemnisation, de la formation ; des liens beaucoup plus étroits entre les entreprises et les agences de placement ; plus d'accompagnement individuel sous la forme de rendez-vous très réguliers et d'un référent unique ; un système de formation continue plus axé sur la reconversion et prenant en considération l'inappétence d'un certain nombre de salariés pour la formation ; un contrôle plus fort exercé sur la recherche d'emploi des chômeurs ; des allocations de chômage plus généreuses et ouvertes au bout de deux ou trois mois de travail ;

un compromis sur la notion d'offre d'emploi convenable, sans doute révisable selon la durée du chômage. La juxtaposition de ces éléments entraînera-t-elle les mêmes effets qu'au Danemark ou en Suède ? Autrement dit, est-elle suffisante ? ou faut-il, en plus, que d'autres conditions soient remplies, par exemple une condition de « cohérence des différentes politiques publiques » (fiscales, économiques, sociales, industrielles), ou encore une condition de convergence de tous les acteurs ? Ce qui nous ramène à la question de départ : qu'est-ce qui rend un système efficace ? Les politiques mises en œuvre, les conditions institutionnelles qui constituent le contexte (accord des acteurs, capacité à former des compromis...) ou le modèle social ?

Sur la question des politiques actives d'emploi, certains éléments tendent à faire penser qu'une telle constellation suffit. Le fait que les pays nordiques eux-mêmes aient adopté de façon relativement brutale ces politiques lors de la crise des années 1990, rompant avec des politiques antérieures classiques qui avaient montré leurs limites, est encourageant, d'autant que, sur un certain nombre des points évoqués ci-dessus, la France a déjà pris des mesures qui vont dans ce sens. En revanche, il nous faudra améliorer notre vitesse d'adaptation, au besoin par la souplesse des dispositifs et la déconcentration ou, mieux, la décentralisation des décisions. De plus, il nous reste à apprendre des Nordiques en ce qui concerne la capacité au compromis, en développant un dispositif indépendant d'expérimentation / évaluation / corrections et en nous dotant de méthodes et dispositifs propres à favoriser le consensus. Sur ce point, il ne semble pas nécessaire d'adopter le « modèle nordique » pour obtenir des politiques actives d'emploi efficaces, sauf à penser que la cohérence et le compromis sont deux attributs attachés au seul modèle nordique ou deux vertus que les Français ne peuvent mettre en œuvre.

On entend souvent dire, face à ce type de propositions, qu'il n'est pas nécessaire d'activer les chômeurs ou d'augmenter leurs qualifications s'il n'y a pas d'emplois à leur proposer. Accepter un tel discours, c'est refuser de donner à tous la même chance d'accéder aux emplois qui se créent chaque jour, accepter le chômage de longue durée et le développement d'une catégorie d'assistés non qualifiés, ce que personne ne souhaite. Toutes les études montrent que les chômeurs qualifiés restent moins longtemps au chômage. Il ne faut pas oublier non plus qu'il existe des secteurs où nous manquons de main-d'œuvre, et on doit se rappeler que la lutte contre les goulets d'étranglement (secteurs qui ne trouvent pas de personnel qualifié) est une des priorités des politiques de l'emploi nordiques. De plus, la reprise économique et la chute démographique feront tôt ou tard que nous manquerons globalement de main-d'œuvre, et il n'est pas mauvais de s'y préparer.

Mais on peut aussi utiliser l'activation pour tenter de créer des emplois, comme le font tous les programmes d'aide à la création d'entreprises. Le Danemark a ainsi découvert que les entreprises créées par les entrepreneurs « ethniques » avaient plus de chance de se développer sur le plan international, ce qui, dans un contexte de globalisation, est un atout. Il existe maintenant des réseaux d'entrepreneurs d'origine étrangère financés par l'agence pour l'emploi, des formations spécifiques, des aides à l'exportation, etc.

Bien entendu, cette politique inspirée de l'activation suédoise ou danoise commence en France, comme en témoignent les recrutements récents de l'ANPE. Mais les moyens de formation et de qualification pour mettre en pratique les enseignements des modèles nordiques ne sont pas nécessairement réunis : il ne suffit pas de rencontrer les demandeurs d'emploi, il faut aussi leur proposer des trajectoires de formation qui aboutissent à de vrais emplois, ce qui nécessite de vrais moyens et une organisation cohérente (diagnostic, accompagnement, bilans de compétences, système de formation adéquat...). Par ailleurs, la méthode suivie en France en recourant à plusieurs types de contrats pose deux problèmes : elle est complexe pour les acteurs, avec de nombreux changements de terminologie, et elle n'est pas forcément adaptée aux cas individuels, qui nécessiteraient plus de souplesse de la part des services de l'emploi.

Concilier flexibilité et sécurité

C'est un deuxième « paquet » de mesures que la France devrait utilement mettre en place, là encore en suivant l'exemple des pays nordiques sans nécessairement importer leur modèle. Les éléments d'amélioration sont connus : il importe de permettre aux entreprises de s'adapter à la concurrence, donc d'opérer les restructurations et les ajustements nécessaires. On l'a dit, il paraît à peu près clair aujourd'hui qu'il n'est pas efficace, d'un point de vue général, de retarder les ajustements auxquels les entreprises doivent procéder, tant les conséquences peuvent ensuite être douloureuses (délocalisations, sous-traitance, restriction des embauches, licenciements pour motif personnel…). Nos politiques sociales doivent bien plutôt accompagner les évolutions des entreprises et les aider. Une telle position emporte évidemment de nombreuses conséquences, parmi lesquelles une adaptation de la loi sur les licenciements collectifs (ne faut-il pas revoir le contrôle du juge sur le motif économique ?) et, plus généralement, une révision des procédures de licenciement (la multiplication des licenciements pour motif personnel ces dernières années est le signe d'un détournement des procédures) permettant aux entreprises de s'adapter très rapidement et notamment d'être présentes sur les créneaux les plus porteurs. Elle ne fait pas obstacle au développement en parallèle de deux types de reclassement, l'un interne, avant le licenciement, dont les entreprises continueraient d'être responsables, l'autre externe, qui pourrait être confié aux pouvoirs publics.

Mais ce surcroît de flexibilité ne peut être accepté qu'à l'absolue condition que des processus de prévention et de réparation extrêmement exigeants soient auparavant mis en place, ce qui implique :

1) *une réforme très profonde du système de formation continue français*, permettant :

– que tout salarié – en CDI, CDD ou intérim – ait accès, régulièrement, à des bilans de compétences et à des formations continues qualifiantes de manière à ce que son employabilité soit préservée ;

– que les défauts actuels du système (concentration de la formation sur les grandes entreprises et sur les salariés les plus qualifiés, usage des moyens pour des actions ne visant pas vraiment à développer l'employabilité) soient surmontés (peut-être par une réforme du financement de la formation professionnelle, des incitations plus fortes envers les entreprises, la détermination collective des types de formation à développer) ;

– que ces formations soient mieux articulées avec la formation initiale et avec la vie de travail ;

– que de véritables reconversions professionnelles soient possibles, comme c'est le cas dans les pays nordiques ;

– que des fonds bien plus importants soient consacrés à la formation, comme c'est également le cas en Suède ou au Danemark.

La réforme devrait être quantitative et qualitative ; la formation doit devenir un véritable investissement social, et ce d'autant plus que nous devons nous situer, au sein de la nouvelle division internationale du travail, dans les segments à très haute valeur ajoutée, que les changements technologiques sont très rapides, que le diplôme et les qualifications restent le meilleur rempart contre le chômage et que nous devons éviter de développer trop d'emplois peu qualifiés qui constitueront un coût pour l'avenir.

2) *un vrai mécanisme de prévention et d'anticipation des difficultés des entreprises et des restructurations* : cela implique non seulement des dispositifs solides de veille sectorielle et territoriale, des observatoires des métiers et des prospectives

territoriales, des dispositifs territorialisés de gestion de l'emploi impliquant tous les acteurs, mais aussi de véritables accompagnements des entreprises, comme cela existe par exemple en Finlande.

3) Si les entreprises deviennent plus libres de s'adapter au marché, il est absolument nécessaire que les travailleurs privés d'emploi soient très bien indemnisés, pris en charge très vite par le service de l'emploi, bénéficient de politiques actives et / ou de mesures de reclassement très efficaces. C'est le résultat de nombreuses études qui se concluent par la nécessité de mettre en place un fonds conséquent et *un accompagnement spécifique pour les travailleurs victimes de restructurations*[1]. C'est également une proposition de la Commission européenne qui pourrait prochainement trouver sa concrétisation dans un fonds dit « antichoc ». Ces dispositifs, inspirés du *Trade Adjustment Act* américain, pourraient être destinés à tous les salariés victimes de restructurations dues aux délocalisations ou aux changements technologiques.

4) De très nombreux rapports ont mis en évidence les tragiques conséquences de *la juxtaposition des CDD et des CDI*, notamment en matière de dualisation du marché du travail. Les CDD pourraient être supprimés, avec, par exemple, une sanction financière des licenciements, dégres-

1. Voir notamment les études présentées dans P. Auer, G. Besse, D. Méda (dir.), *Délocalisations, normes du travail et politique d'emploi. Vers une mondialisation plus juste ?, op. cit.*, et particulièrement celle de B. Gazier, « Le rôle des politiques actives de l'emploi », p. 123-157. Voir également B. Gazier, *Vers un nouveau modèle social*, Flammarion, « Champs », 2005.

sive avec la durée du contrat. Les entreprises seraient ainsi incitées à garder leurs salariés, à les former, à améliorer leur employabilité, les effets de seuil seraient supprimés.

Cela a été dit à de très nombreuses reprises : les salariés français, qui semblent bien protégés par un arsenal législatif et réglementaire, sont parmi les Européens les plus inquiets de la situation de leur emploi, alors que les salariés danois, peu protégés par la législation, ont un très fort sentiment de sécurité parce que la mobilité d'emploi à emploi est forte, que la durée de chômage est faible et que de nombreux dispositifs accompagnent les personnes ayant perdu leur emploi. C'est évidemment à ce résultat que nous devons parvenir. Mais nous devons éviter ce que les salariés français – et les syndicats – redoutent : accepter un surcroît de flexibilité sans garantie que des moyens supplémentaires seront dégagés pour assurer une vraie sécurisation des trajectoires (formation professionnelle, dispositifs territoriaux, service public de l'emploi, politiques actives) et être donc ainsi les « dindons de la farce ».

Nous ne pourrons avancer sur la question de la sécurité sans une politique d'investissement massif dans l'éducation et la formation, tant initiale que continue, de manière à augmenter encore considérablement le niveau de qualification des salariés : il s'agit de la variable clé dans la compétition internationale. Parmi les éléments qui permettront de lutter contre la fragilité et l'insécurité de l'emploi, deux priorités devraient dominer : mettre des moyens conséquents – et très tôt – sur les élèves en difficultés scolaires pour éviter les sorties précoces du système, ce qui peut se réaliser à un coût minimal, comme le montre l'exemple de la Finlande, et développer un droit individuel à la formation, tel que l'avait envisagé en son temps le rapport Charvet.

L'idée était de doter chaque individu, à sa naissance, d'un capital d'années d'études, qu'il utiliserait pendant sa jeunesse bien sûr, mais également ensuite tout au long de sa vie active. Il avait été proposé que ce capital représente vingt années d'études et soit réalimenté au fur et à mesure de la vie professionnelle. Les auteurs proposaient également que ce droit soit accompagné, pour les jeunes étudiants, d'une allocation individuelle de formation. Ce droit pourrait avoir une double fonction, de prévention – mise à niveau régulière et entretien des compétences des salariés – et de réparation, à la suite de restructurations. Il s'agirait d'un droit individuel, transférable, négocié et objectif, c'est-à-dire appuyé sur des institutions rénovées susceptibles d'assurer sa mise en œuvre effective. Le développement d'un tel droit est très certainement, si nous acceptons cette idée de société de la connaissance et le fait que les avantages comparatifs dont nous disposons consistent aujourd'hui principalement dans le capital humain, une des grandes urgences politiques. Enfin, la validation des acquis professionnels devrait, pour nombre d'emplois, être développée de façon massive.

Peut-on appliquer ces politiques en France à partir de notre propre modèle, de notre histoire, de nos spécificités ? Cela n'ira sans doute pas sans difficulté. Toute une partie de la France traditionnellement méfiante vis-à-vis des entreprises serait certainement opposée à de telles mesures. Mais il n'y a pas de raison que des sociétés aussi attachées à l'égalité des citoyens et à l'État providence que les pays nordiques soient parvenues à faire confiance à leurs entreprises et à trouver de nouveaux modes de régulation, et que nous n'y parvenions pas. Si nous voulons garder notre place dans la compétition mondiale qui s'amplifie aujourd'hui et qui nous oblige à nous situer au plus haut de la production de valeur ajoutée sur la gamme des biens et services, nous devons faire confiance aux entreprises et les aider à se développer, tout en faisant en sorte que la flexibilité plus grande qu'elles réclament soit largement compensée pour les salariés. C'est donc en fait une assurance-emploi qu'il faut créer, et un véritable droit à la mobilité, qui passe à la fois par la mise en place de droits transférables et par le développement de nouvelles politiques d'entreprises et de nouveaux dispositifs institutionnels[1].

Comme de nombreux travaux l'ont mis en évidence ces dernières années, nos sociétés ont désormais besoin non seulement d'un surcroît d'adaptabilité, mais aussi de la mise en œuvre réelle de nouveaux droits permettant aux salariés de regagner une certaine maîtrise sur leurs trajectoires professionnelles. Parmi les plus urgents – droits individuels, transférables et négociés collectivement –, citons notamment le droit à la formation (permettant la prévention et la réparation du risque chômage, sous la forme d'un capital individuel transférable, consommable pendant les années d'éducation et la vie active et réalimenté pendant celle-ci) ; le droit à la mobilité professionnelle ; le droit à une place d'accueil pour

1. Voir notamment D. Méda, B. Minault, « La sécurisation des trajectoires professionnelles », *op. cit.*

chaque enfant de zéro à trois ans et le droit à une vie familiale normale rendant effective pour les femmes comme pour les hommes la possibilité d'exercer un emploi.

Comme le résume Alain Supiot, passant en revue quelques grands ouvrages récents écrits par des Européens sur le droit social : « Tous [les ouvrages analysés] plaident pour une conception renouvelée des droits sociaux qui seraient indexés sur la personne des travailleurs plutôt que sur leur emploi et leur donneraient les moyens concrets d'exercer leur liberté professionnelle. Il y a là les grandes lignes d'un modèle social renouvelé[1]. » Pour être effectifs, ces droits devront s'appuyer sur des réformes très profondes des institutions et des modes de financement actuels. Il est essentiel qu'une augmentation de la souplesse donnée aux entreprises soit conditionnée par l'institution solennelle de ces droits.

Une protection sociale rénovée

Nous sommes tous attachés aux grandes fonctions classiques de la protection sociale, c'est-à-dire, principalement, la protection à l'égard des risques sociaux et le versement de revenus de remplacement lorsque ces risques adviennent. Mais les risques majeurs ont changé : la priorité n'est plus aujourd'hui de lutter contre la pauvreté du grand âge, ni de verser aussi longtemps que possible de généreuses allocations aux personnes ayant perdu leur emploi ou n'en ayant

1. A. Supiot, « Lectures étrangères sur le devenir du droit social », *Droit social*, n° 11, novembre 2005.

pas retrouvé, ni non plus d'aider les mères qui ont des enfants à se retirer du marché du travail ou encore de verser des préretraites à des hommes bien-portants de 55 ans. Le risque majeur aujourd'hui, c'est d'être tenu longtemps éloigné de l'emploi. Les Français risquent surtout de rester enfermés dans le non-emploi, dans le RMI ou dans des emplois mal payés et de piètre qualité. Il revient certainement de nos jours au système de protection sociale de prévenir l'avènement de ces risques et d'aider les personnes à retrouver le plus vite possible un emploi, ce qui implique une assez forte inflexion des fonctions principales et du rôle de notre système.

Cette vision, pour peu qu'on l'accepte, emporte de très nombreuses conséquences. Elle signifie en effet en premier lieu que nos systèmes de protection sociale ne doivent pas peser sur l'emploi. Faisons donc en sorte que le poids de la protection sociale ne s'exerce pas sur l'emploi, maîtrisons les dépenses, changeons notre mode de financement (plus d'impôt sur le revenu et de CSG, moins de cotisations sociales) et rendons ainsi les dépenses favorables à l'emploi.

Il ne suffit pas de créer les conditions de l'emploi, il faut aussi réussir à inventer des prestations d'un type nouveau, à la fois généreuses et néanmoins incitatives à la reprise d'emploi. Autant dire que les allocations chômage doivent être à la fois fortes et ne pas nuire à la reprise d'emploi, que le RMI doit permettre, lorsque l'on en sort, une augmentation des gains financiers, que les travailleurs doivent avoir un intérêt à travailler plus longtemps (avec des conditions de travail très différentes et un travail « soutenable » tout au long de la vie). Les solutions nordiques à ce problème sont intéressantes : la politique de développement d'activités à haute valeur ajoutée crée de la richesse, qui permet de donner des salaires élevés, qui évoluent comme la croissance, ce qui accroît le différentiel avec les allocations sociales, qui progressent comme l'inflation. De plus, à titre individuel, la politique d'activation qui accompagne le versement des allocations, de chômage ou de nature sociale, rend plus intéressante la reprise d'emploi, car elle mobilise les bénéficiaires des allocations une trentaine d'heures par semaine en recherche d'emploi, en formation, en stages ou en travaux d'utilité collective.

Ces idées sont en partie inspirées de ce que des chercheurs réunis autour d'Esping-Andersen [1] défendent depuis déjà plusieurs années : un nouveau rôle pour les systèmes de protection sociale. Ils reprennent les arguments déjà développés dans « Un État providence pour le XXIe siècle » : la politique sociale doit devenir « productiviste ». Elle doit « activement mobiliser et maximiser le potentiel productif de la population afin de minimiser ses besoins et sa dépendance vis-à-vis des prestations publiques ». Différents types de politiques sont nécessaires, simultanément : « Certaines peuvent être considérées comme un investissement en ressources, en capacités et en autonomie humaine ; d'autres, même si elles améliorent le bien-être, sont clairement du maintien passif du revenu [2]. » Cette approche recouvre de

1. Voir notamment G. Esping-Andersen, « Un État providence pour le XXIe siècle », in C. Daniel et B. Palier, *La Protection sociale en Europe*, *op. cit.*, et G. Esping-Andersen, D. Gallie, J. Myles et A. Hemerijck, *Why We Need a New Welfare State*, Oxford University Press, 2002.

2. G. Esping-Andersen, « Un État providence pour le XXIe siècle », *op. cit.*

nombreuses dimensions, qu'il est impossible de développer ici, mais que l'on peut résumer ainsi : un système de protection sociale « moderne », adapté aux nouveaux risques sociaux, devrait avant tout permettre à toutes les catégories de la population d'avoir un emploi et donc viser à l'accroissement des taux d'emploi des jeunes, des femmes et des seniors, car seul le plein-emploi permettra de continuer à financer un système pour lequel la charge du vieillissement deviendra de plus en plus lourd.

Il y a là une perspective de changement radical : alors que sa fonction principale consiste aujourd'hui à verser des revenus de remplacement, le système de protection sociale devrait d'abord viser à l'emploi (soutenable) de toutes les catégories de la société et prévenir les risques grâce à un investissement dans le capital humain et la jeunesse plutôt que de réparer les dégâts, de façon toujours trop tardive. Cette idée se scinde en deux volets : 1) « notre capital humain constitue la ressource la plus importante que nous devons mobiliser pour développer une économie basée sur la connaissance[1] » ; 2) pour mettre en évidence la nécessité d'un nouvel investissement social dans les ressources humaines, les enfants, les familles, nous avons besoin d'une nouvelle comptabilité, éloignée de notre manière archaïque de recenser les performances des sociétés[2].

Dans un système amélioré de protection sociale, la question de l'emploi des femmes doit aussi être abordée en termes

1. G. Esping-Andersen, D. Gallie, J. Myles et A. Hemerijck, *Why We Need a New Welfare State*, *op. cit.*

2. *Ibid.* ; voir aussi D. Méda, *Qu'est-ce que la richesse ?*, Aubier, 1999, Flammarion, « Champs », 2000.

nouveaux. Source évidente d'émancipation, l'emploi des femmes est également stratégique : il est le meilleur rempart contre la pauvreté qui menace aujourd'hui particulièrement les familles monoparentales ou les couples dont deux membres sont au chômage et la condition du maintien d'un État providence solide et financé. Pour la France, cela implique de rompre avec l'idée du « libre choix » de travailler (ou de ne pas travailler) exclusivement réservé aux femmes, un reformatage intégral du complément d'activité de libre choix (proportionnel au salaire antérieur, il pourrait comporter deux parties : l'une, d'une durée de neuf mois, serait partagée entre le père et la mère et pourrait être prise après le congé maternité ; l'autre serait constituée d'un capital-temps qui pourrait être consommé par les deux parents sous forme de réductions du temps de travail journalières, hebdomadaires ou annuelles ou sous forme de petits congés) et une nouvelle politique du temps de travail.

En pratique, cela conduit donc à une révision radicale de la politique familiale, dont on peut imaginer les trois piliers : la mise à disposition, pour tous les enfants de zéro à trois ans, d'une place dans un service d'accueil géré par les municipalités ; l'aide à l'aménagement du temps de travail pour les pères et les mères de jeunes enfants ; l'aide à la prise en charge du coût de l'enfant. La politique familiale viserait donc à permettre aux couples d'avoir le nombre d'enfants qu'ils souhaitent mais aussi de leur consacrer du temps, en développant des politiques de conciliation pour les pères et les mères. Cela supposerait une convergence des objectifs poursuivis par l'État et les entreprises, et le calcul du temps de travail sur l'ensemble du cycle de vie. On devrait dès lors redéployer le financement des avantages familiaux et du complément de libre choix d'activité vers les modes de garde (pour garantir un droit effectif à la garde de tous les enfants de zéro à trois ans) et une politique temporelle permettant des modulations du temps de travail. Une telle réforme permettrait d'avancer radicalement vers un modèle dit à « deux apporteurs de revenus, deux dispensateurs de *care*[1] », où hommes et femmes seraient également investis dans la vie professionnelle et dans les responsabilités familiales.

Cette flexibilité en matière de vie familiale pour les familles avec enfants doit pouvoir trouver un parallèle pour la période qui précède la fin de la vie professionnelle. Afin de maintenir les systèmes sociaux et de se rapprocher du plein-emploi, le travail des seniors est essentiel. La révision en ce sens est déjà entamée avec des dispositifs d'incitation à rester dans l'emploi plus longtemps. Mais l'expérience nordique va plus loin : elle montre la nécessité d'un effort important en matière d'adaptation des conditions de travail à l'emploi des seniors et de flexibilité du temps de travail qui tienne compte des situations individuelles. À terme, on doit permettre aux personnes effectuant des travaux pénibles de se reconvertir dans des tâches au niveau supérieur et éviter ainsi l'obligation de départs anticipés du marché du travail. En effet, ce n'est que si les personnes ont l'envie et la possibilité de travailler plus longtemps (et donc si, tout au long de leur vie professionnelle, leur travail a été « soutenable ») que des réformes visant à retarder l'âge de la retraite seront efficaces. Cette notion de travail soutenable, c'est-à-

1. Ou « pourvoyeurs de soins ».

dire de travail prenant en compte les contraintes physiques, familiales, d'horaires… est d'ailleurs une « invention » suédoise : « Alors que le modèle de travail intensif peut être défini comme un modèle consommateur de ressources – en l'occurrence de ressources humaines – écrivent les inventeurs de ce concept, la notion de travail soutenable met en avant l'idée de développement et d'entretien des ressources. Le travail soutenable se présente comme une alternative à l'intensification[1]. » Cette notion est peu éloignée de celle de « qualité de l'emploi » qui avait été développée et portée par la Commission européenne au début des années 2000.

En résumé, il s'agit donc de passer d'une stratégie de financement de revenus de remplacement (qu'il n'est pas question de supprimer) à une stratégie d'investissement dans le capital humain : celui des enfants, grâce au développement massif de systèmes d'accueil et de scolarisation efficaces ; celui des jeunes et des actifs, en considérant la formation professionnelle tout au long de la vie comme un véritable investissement social. On voit ici qu'un des points stratégiques est l'existence de services, services d'accueil des jeunes enfants, services de formation, services de l'emploi ouverts à tous, dont l'exemple nordique tend à montrer qu'ils sont plus efficaces lorsqu'ils sont financés par des subsides publics et organisés au niveau des municipalités. Il importe également de reconfigurer profondément l'organisation du travail : celle-ci doit désormais permettre à la fois le développement d'un emploi soutenable – c'est-à-dire,

1. P. Docherty, J. Forslin, A. Shani (dir.), *Creating Sustainable Work Systems. Emerging Perspectives and Practice*, Routledge, 2002.

notamment, prendre en considération les contraintes familiales ou les contraintes d'âge des salariés – et la possibilité de transitions et de mobilités, notamment pour sortir des mauvais emplois, ce qui implique non seulement de la formation mais également une ingénierie d'accompagnement.

Cette perspective de transformation de l'État providence français pour le XXIe siècle n'est pas sans conséquences. La première serait d'opérer un transfert de ressources des plus âgés, désormais pourvus de ressources suffisantes, vers les jeunes, et des prestations en espèces vers des services de proximité. Ce troisième « paquet » semble encore plus difficile que les deux premiers à mettre en place en France, et ce pour de multiples raisons. Il implique de briser plusieurs tabous : d'abord, celui du « libre choix » de travailler ou de ne pas travailler, fondé sur la représentation d'une très forte distinction des rôles assignés aux hommes et aux femmes, et notamment aux pères et aux mères. Nous devons rompre avec lui et plus généralement avec toutes les traces qu'il a laissées dans notre modèle social (construit sur l'idée du mâle « *breadwinner* » et de ses ayants droit). L'autre tabou, c'est celui de la retraite « le plus tôt possible » (on notera d'ailleurs la position paradoxale de beaucoup d'analystes qui à la fois magnifient le travail, source d'épanouissement, et souhaitent le voir s'arrêter le plus tôt possible). Il faudrait un changement de nos représentations qui en viendraient à prendre le travail pour ce qu'il est – une contrainte nécessaire – et tenteraient de l'aménager sur l'ensemble du cycle de vie en le rendant supportable, ou soutenable, tout au long de la vie, ce qui signifie notamment des modulations très fortes du temps de travail aux moments où cela est nécessaire (présence de jeunes enfants, prise en charge de vieux parents, seniors). Évidemment, ces modulations devraient faire l'objet d'accords entre les employeurs et les salariés (accords visant à ce que le temps de travail soit en quelque sorte formaté par la prise en compte des contraintes, notamment familiales, des salariés) et non pas être imposées par les seuls employeurs.

Les conditions générales de mise en œuvre

De quoi avons-nous besoin pour mettre en place ces réformes ? Très certainement à la fois d'une vision globale et cohérente, d'objectifs précis et d'un accord entre les différentes parties. C'est d'ailleurs ce qui caractérise les pays nordiques et l'on peut se demander si, plus que leur modèle social, ce n'est pas une représentation partagée de la société et de son avenir, fondant un large accord entre les parties et la possibilité de fixer des objectifs, qui explique leur succès. Mais la France pâtit à la fois de la faiblesse des syndicats et de l'extraordinaire enchevêtrement des responsabilités et des logiques, ce qui rend difficile de s'accorder, de réformer et de sortir du conflit.

Autant que le financement majoritaire de notre système de protection sociale par des cotisations ou que la place importante faite par notre droit du travail à la législation, le nombre, la place et le positionnement des syndicats constituent l'un des éléments fondateurs de notre modèle social. L'exemple nordique montre que, contrairement à une idée parfois très présente dans les discours, la paix sociale et l'efficacité de notre modèle dépendent de la force et de la représentativité des syndicats, ce qui suppose leur renforcement. Dans ce cadre, et malgré les tendances actuelles défavorables (licenciements de plus en plus nombreux des délégués syndicaux, perte d'adhérents), il faut rechercher des solutions, qui peuvent passer comme dans les pays nordiques par des mesures favorisant le syndicalisme de service ou, au moins, conduisant à une situation où il serait avantageux, pour les salariés, d'être affiliés au syndicat (avantages fiscaux pour certaines prestations qui seraient offertes par les syndicats dans le cadre d'accords collectifs, par exemple).

L'autre élément de notre modèle est la complexité, qui dilue les responsabilités en mêlant les compétences. En matière de protection sociale, les évolutions qui auraient pu avoir lieu, notamment vers une rationalisation du financement, vers l'homogénéisation et l'universalisation des prestations voulues par les réformateurs de 1945, ont été freinées entre autres par des syndicats en partie gestionnaires du système sous un contrôle contraignant de l'État. De même, le statut de l'assurance-chômage est en cause, alors que le chômage est massif et que les décisions prises pour le système d'assurance-chômage ont des conséquences immédiates sur le système de solidarité et sur le RMI. Et on peut se demander à quel titre les partenaires sociaux participent à la gestion du risque maladie alors que celui-ci est universalisé. Ne faut-il pas, pour éviter la dualisation de plus en plus prononcée entre la logique d'assurance et la logique de solidarité, mais aussi pour traiter de manière globale l'ensemble des problèmes, nous départir de cette fiction encombrante qu'est la gestion par les intéressés ou la gestion paritaire et passer à un système plus moderne, à une responsabilité assurée par l'État, les partenaires sociaux étant étroitement associés, comme c'est le cas au Danemark ?

Notre pays ne peut faire l'économie d'une restructuration et d'une révision drastique des compétences. Tout ce qui concerne la protection sociale est enchevêtré et l'organisation de notre pays est incompréhensible pour le citoyen. L'exemple de la canicule de l'été 2004 en est une illustration dramatique. Il faut dire que, en matière de prise en charge sanitaire et sociale des personnes âgées, la situation est particulièrement inextricable : l'État est responsable de la santé en général, et les doublons et autres ambiguïtés qui existent au niveau national entre l'État (ministère de la Santé) et les agences nationales telles que l'Institut national de veille sanitaire paraissent peu de chose par rapport au niveau territorial où l'assurance-maladie (Caisses primaires et régionales, indépendantes et regroupées au sein d'Unions régionales), l'État (responsable des programmes de santé et de la surveillance sanitaire, avec les DDASS et DRASS sans lien hiérarchique et qui doivent se coordonner entre elles), l'Agence régionale d'hospitalisation (autre structure d'État, qui rend compte directement au ministère à Paris et est responsable des établissements sanitaires d'accueil), les conseils généraux (responsables de l'aide sociale aux personnes âgées, de certains aspects de sécurité dans les établissements, et qui financent certains services et prestations) et les communes, qui ont leur propre aide sociale aux personnes âgées et gèrent certains foyers-logements et des services à la personne, constituent une constellation confuse, peu efficace et coûteuse.

Les Danois ont réformé la structure de leurs collectivités locales et supprimé les départements pour mieux gérer l'hospitalisation. De la même manière, nous devrons revoir structures et compétences pour améliorer notre efficience en supprimant cet empilement inutile. Peut-être pourrions-nous tenter de nous inspirer des principes danois en la matière, que les citoyens français pourraient facilement adopter :

– les services publics doivent être organisés au plus près des citoyens ;
– l'exécution des missions publiques doit être réalisée dans des conditions d'efficience financière et technique maximale ;
– les services publics doivent être assurés par des autorités publiques contrôlées démocratiquement par des élections directes ;
– la responsabilité financière va de pair avec le pouvoir de décision.

Les conséquences seront sans doute dans ce cas les mêmes qu'au Danemark : un rôle social accru pour les communes dont certaines devraient se regrouper pour gérer des services, un développement du rôle des régions en matière de politiques économiques et de l'emploi, probablement aussi sanitaires, et des interrogations sur l'utilité du niveau départemental.

En parallèle, les doublons entre services centraux de l'État et agences techniques, ou, au niveau local, entre les services déconcentrés et ceux des collectivités locales ou même de l'ANPE, par exemple, en matière d'emploi, sont à revoir, comme l'ont fait les pays nordiques dans les années 1990. Une réelle décentralisation sans compétences croisées conduit inévitablement à une régionalisation des services de l'État, revalorisés et recentrés sur des tâches régaliennes.

Il sera également tout à fait stratégique de développer des structures techniques indépendantes d'expertise et d'appui, qui jouent dans les pays nordiques un rôle majeur de mise en réseau des collectivités décentralisées et de surveillance de l'évolution des inégalités de service par la tenue de registres statistiques.

Ces clarifications sont nécessaires. Elles sont aussi douloureuses, mais ne peuvent être acceptées que dans le cadre d'une discussion d'ensemble où ce que l'on perd d'un côté est largement compensé par les gains. De même, ces réformes doivent être élaborées tranquillement par des experts, par les partenaires sociaux et par les collectivités territoriales, hors des enceintes feutrées des cabinets ministériels où se concentre aujourd'hui le pouvoir de décision.

Changer de modèle social ?

La France peut-elle mettre en place des réformes avec le modèle social qui lui est propre ? Nous serions tentés de dire à ce point de la discussion que le modèle social français cumule beaucoup de handicaps qui font pencher la balance vers le non. Nous avons déjà cité, au titre des caractéristiques du modèle social français : la reproduction des inégalités existant sur le marché du travail dans la couverture offerte par la protection sociale (ce qu'Esping-Andersen appelle la « stratification » des régimes conservateurs) ; la place secondaire originellement faite aux femmes sur le marché du travail et dans le système de protection sociale ; le recours massif aux mécanismes désincitatifs à l'activité ; les dysfonctionnements dans la gouvernance du système. Mais rappelons que le modèle français comportait aussi, en germe, et dans les intentions, des ambitions qui n'ont pas pu être suffisamment développées : volonté que la protection sociale soit vraiment universelle, volonté de dépasser les intérêts catégoriels et de donner la même chose à tout le monde, volonté d'assurer un équilibre entre capital et travail et de développer une démocratie participative, volonté de redistribuer, volonté enfin d'asseoir le système de protection sociale sur le plein-emploi [1].

En effet, pour Pierre Laroque, auquel le gouvernement provisoire avait confié le soin de préparer la réalisation d'un « plan complet de sécurité sociale », la politique de sécurité sociale devait résulter de la conjonction de trois politiques différentes : une politique économique commandée par le souci du plein-emploi ; une politique d'équipement sanitaire et d'organisation médicale permettant de lutter contre la maladie ; enfin, une politique de redistribution des revenus tendant à modifier la répartition résultant du jeu aveugle des mécanismes du marché. Laroque a reconnu le caractère de compromis de sa réforme : « La formule que nous entendons appliquer en France, écrit-il, est intermédiaire entre ces deux formules [le système beveridgien et le système bismarckien]. »

1. Voir M.-T. Join-Lambert, A. Bolot-Gittler, C. Daniel, D. Lenoir, D. Méda, *Politiques sociales*, *op. cit.*, chap. X.

On est donc fondé à penser que notre modèle social devrait pouvoir supporter de nombreuses inflexions et même des variantes assez fortes, dans le respect de ses principes d'origine, aujourd'hui parfois oubliés.

Dès lors, et pour réconcilier les tenants de la possible « imitation » des pays nordiques et les tenants du génie national, on pourrait défendre l'idée que l'adaptation de notre modèle social consiste peut-être à retrouver, au-delà des cinquante années qui nous séparent de sa fondation mythique, ses vrais principes, ceux que nous n'avons jamais pu mettre en œuvre et au titre desquels figurent en très bonne place : 1) la nécessité du plein-emploi, c'est-à-dire du développement de politiques économiques et sociales visant au plein-emploi (« mesures économiques tendant à éviter les crises en assurant un équilibre permanent des activités, organisation de l'emploi assurant à chacun des possibilités de travail, garanties des salariés contre l'arbitraire des embauchages et des congédiements, politique des salaires fournissant à chaque travailleur des moyens suffisants d'existence, politique de lutte contre la maladie et de prévention des accidents du travail[1] ») ; 2) la nécessité d'un système de protection sociale lorsque la prévention n'a pas été suffisante ; 3) la nécessité d'une redistribution (« le problème qui se pose alors est celui d'une redistribution du revenu national destinée à prélever sur le revenu des individus favorisés les sommes nécessaires pour compléter les ressources des travailleurs ou familles défavorisés »).

1. Exposé des motifs de l'ordonnance du 4 octobre 1945, in M.-T. Join-Lambert, A. Bolot-Gittler, C. Daniel, D. Lenoir, D. Méda, *Politiques sociales, op. cit.*, 2e édition, p. 376.

Notre point de vue est qu'en nous rapprochant des pays nordiques nous pouvons retrouver les principes fondateurs de notre modèle social, parmi lesquels la redistribution occupe un rang non négligeable, et ainsi adapter nos politiques pour rendre notre pays plus compétitif : certes, les pays nordiques partaient dans les années 1950 d'un programme peut-être plus social-démocrate que celui de la France (même si la France de la Libération était probablement social-démocrate), mais ils ne se sont pas heurtés aux mêmes coalitions d'intérêts que nous. On pourrait dire que les pays nordiques présentent aujourd'hui le système que nous aurions pu avoir si les différentes oppositions ne s'étaient pas manifestées et si, au lieu de développer le système que nous connaissons, nous avions accepté de mettre concrètement en œuvre cette solidarité nationale voulue en 1945 en absorbant dans une seule grande catégorie l'ensemble des classes sociales, dès lors acquises à la légitimité du système et acceptant les hauts taux de prélèvement qu'il exige.

Le secret des modèles nordiques réside en effet dans l'idée que les différentes catégories sociales appartiennent à une seule société et que la cohésion de celle-ci importe infiniment, idée qui, à nos yeux, explique largement les autres caractéristiques du modèle, notamment la possibilité d'accords et de compromis, le fait que le système de protection sociale soit vraiment universel et que toutes les catégories soient également (et convenablement) protégées, la notion que le pays va bien si les entreprises fonctionnent correctement et l'acceptation des taux élevés de prélèvement par l'impôt. Pour nous, il est possible de l'acclimater en France si nous revenons aux sources de notre modèle français.

Conclusion

Le modèle français, le modèle nordique et le modèle social européen

La France n'ose plus, elle doute et, faute de mouvement décisif, recule. Un danger menace : nous sommes engagés, certes en grande partie malgré nous, dans une course à la performance entre tous les États nations. Dans le monde et en Europe, la compétition entre modèles sociaux est désormais ouverte. Et dans cette course, le modèle social français est mal placé : les nouveaux entrants dans l'Union européenne semblent très peu désireux de l'adopter. Cela peut se comprendre : ces pays ont subi une période de domination soviétique qui leur a imposé le communisme et l'économie dirigée. Leurs préférences vont désormais aux modèles empreints de liberté et, souvent aussi, d'intense libéralisme économique. Or c'est avec eux que nous devons construire l'Europe, avec eux que nous devons élaborer le futur modèle social européen.

Pourtant, comme nous l'avons vu, seuls deux types de modèle restent vraiment en lice : le modèle britannique, qui attire les nouveaux entrants, et le modèle nordique, qui peine à se faire reconnaître parce que les pays qui le représentent sont souvent considérés comme « trop petits » ou

« trop singuliers ». Nous sommes persuadés que nous avons aujourd'hui à choisir entre ces deux grands types de modèle, ces deux philosophies : le modèle britannique est certes fort différent du conservatisme à l'œuvre dans les années Thatcher, mais il repose encore sur des postulats très individualistes. Le modèle nordique se caractérise, quant à lui – nous l'avons dit –, par un haut niveau de redistribution, par une résistance de l'État providence et, fondamentalement, par une double alliance, de compétitivité et de solidarité, d'une part, et, d'autre part, de souci de la reconnaissance de l'individu dans une société dont la cohésion est essentielle. Ce modèle est peu éloigné de nos valeurs et de nos options originelles, celles qui s'étaient exprimées en 1945 au moment de la fondation de notre modèle social ; il l'est en tout cas bien moins que le modèle britannique. Nous pensons que c'est lui que nous devons promouvoir en Europe pour en faire reconnaître et diffuser les valeurs. Nous pensons qu'il est susceptible de rassembler la majeure partie des États membres et de constituer le noyau dur d'un modèle social européen ambitieux. Nous pensons qu'il est le seul à même de faire de l'Europe le lieu d'une économie hautement compétitive et une zone de cohésion sociale forte et que c'est lui que nous devons progressivement adopter.

On nous rétorquera qu'un pays n'évolue pas aussi vite, et qu'on risque d'effaroucher les Français en annonçant ainsi des changements importants. Mais, faute de réaction rapide de notre part, le modèle social européen se bâtira sans nous, par le jeu de comparaisons de bonnes pratiques, de benchmarking, de rapports d'experts évaluant les politiques nationales, de financement des adaptations dans les nouveaux pays. Ce sont peut-être des objectifs très éloignés de nos vœux qui seront érigés en normes, assortis de sanctions, et à la réalisation desquels nous devrons nous efforcer. Alors nous devrons poursuivre des objectifs qui ne nous conviennent pas, car nous ne pourrons pas nous isoler, quoi qu'en disent certains, sans marginaliser notre économie, en une sorte d'albanisation. Un modèle social européen susceptible d'être défendu au niveau mondial, notamment à l'OMC, est pourtant le seul rempart sérieux contre une libéralisation sauvage qui détruirait nos économies et nos modèles sociaux.

Faisons donc enfin alliance avec des pays qui partagent notre idéal, développons ensemble l'idée d'un modèle social européen clairement identifié, réellement différent d'un modèle productiviste et libéral, faisons le choix d'un modèle hautement compétitif et solidaire, construit autour de nouveaux droits sociaux et d'un nouveau type d'État providence, dans lequel la plupart des autres États membres de l'Europe pourraient se reconnaître. Acceptons l'idée que les principes sociaux-démocrates en vigueur dans les pays nordiques sont proches des nôtres et conviennent particulièrement à notre temps : travaillons avec les pays nordiques et tous les États membres qui le souhaiteront pour une diffusion des politiques à l'œuvre dans ces pays et pour leur européanisation rapide. Imaginons ce que serait une Europe repositionnée dans la nouvelle division internationale du travail, ayant préservé un système de protection sociale et des normes de travail hautement développés, avec des travailleurs qualifiés et munis de droits élargis, une Europe capable de donner de l'emploi à tous mais aussi de défendre la possibilité pour chacun d'un droit au *care* : il ne lui manquerait plus qu'un budget conséquent et une politique fiscale commune pour devenir la puissance équilibrée dont nous rêvons…

Table

Des mêmes auteurs

ALAIN LEFEBVRE

« Le droit social en Suède »
Liaisons sociales Europe, décembre 2003

« Le modèle social danois »
Liaisons sociales Europe, décembre 2005

DOMINIQUE MÉDA

Le Travail
Une valeur en voie de disparition
Aubier, « Alto », 1995, Flammarion,
« Champs », 1998

Travail, une révolution à venir
Entretien avec Juliet Schor
Mille et une nuits / Arte Éditions, 1997

Qu'est-ce que la richesse ?
Aubier, « Alto », 1999, Flammarion,
« Champs », 2000

Le Temps des femmes
Pour un nouveau partage des rôles
Flammarion, 2001, « Champs », 2002

RÉALISATION : PAO ÉDITIONS DU SEUIL
IMPRESSION : CORLET IMPRIMEUR S.A. À CONDÉ-SUR-NOIREAU
DÉPÔT LÉGAL : MARS 2006. N° 85970-3 (91692)
IMPRIMÉ EN FRANCE